1 Mittel und Methoden der Darstellung von Körper und Raum auf der Fläche

Architektur und Bildhauerei gestalten Körper im *realen Raum;* in der Malerei, Grafik und technischen Zeichnung geht es um die Darstellung eines *Illusionsraumes* auf der Fläche.
Unsere sinnliche Wahrnehmung (Sehen, Hören, Tasten, Riechen) vollzieht sich im realen Raum, sie ist deswegen immer zugleich eine räumliche Wahrnehmung. Aufgrund dieser Raumerfahrungen legen wir auch beim Betrachten von Bildern auf der Fläche räumliche Vorstellungen zugrunde.
Seit Urzeiten stellen Menschen ihre Vorstellungen und Erfahrungen, ihre Umwelt und damit auch die räumliche Wirklichkeit auf Höhlenwänden, Gefäßen, Holz, Pergament, Putz, Papier und Leinwand, also auf zweidimensionalen Flächen, dar. Ein weiter Bogen spannt sich vom Steinzeitmenschen, der seine Höhle bemalte und noch nicht einmal das Mittel der Überdeckung kannte, bis hin zum Renaissancemaler, der beinahe schon das gesamte Repertoire raumdarstellender Mittel und Methoden beherrschte.
Der Aufbau dieses Kapitels, von den einfachsten bis zu den vergleichsweise komplizierten perspektivischen Mitteln und Methoden der Körper- und Raumdarstellung, stellt zugleich einen ungefähren historischen Abriß ihrer Anwendung in der Geschichte der Malerei dar.

1.1 Der Höhenunterschied

Wir sehen Formen und Gegenstände, die in einem Bild unten dargestellt sind, als vorne, und solche, die sich weiter oben befinden, als hinten. Diese räumliche Deutung der Höhenlage von Bildgegenständen hängt eng mit unseren Seherfahrungen im realen Raum zusammen. Sehen wir z. B. Häuser in Hanglage, so sind die höher liegenden Häuser immer räumlich weiter vom Betrachter entfernt als die unteren.
In unserem Kulturkreis liest man Texte – und in der Regel auch Bilder – von links nach rechts. Bildgegenstände, die auf eine Linie *(Standlinie)* nebeneinandergestellt sind, die also eine *Reihe* bilden, empfinden wir, trotz einer meßbaren Distanz von links nach rechts, noch nicht eindeutig als räumlich voneinander getrennt, sondern eher als flächig angeordnet (vgl. Abb. 1.1). Lesen wir jedoch ein Bild von unten nach oben, so verbinden sich damit immer zugleich eindeutig räumliche Vorstellungen (vgl. Abb. 1.2).

Abb. 1.1
Märtyrerprozession, Mosaik aus Ravenna, 6 Jh. n. Chr.

Die Anordnung von Bildgegenständen in unterschiedlichen Höhenlagen ist das älteste und einfachste Mittel einer Raumdarstellung auf der Fläche. Wir finden es bereits auf den frühesten bildhaften Darstellungen der Menschheitsgeschichte, zu einer Zeit, als es andere Mittel der Raumdarstellung noch gar nicht gab. Auch Kinder versuchen, Räumlichkeit im Bild mit Hilfe des Höhenunterschiedes darzustellen, lange bevor sie das Mittel der Überdeckung annehmen.

Abb. 1.2
Montage mit Höhenunterschied derselben Figuren

1.2 Die Überdeckung

Ein anderes, sehr altes und wirksames Mittel der Raumdarstellung auf der Fläche ist die Überdeckung. Sie wurde schon vor 4 000 Jahren in der ägyptischen Malerei zur Darstellung von Raum eingesetzt. Die bewußte Anwendung der Überdeckung im Bild setzt ein differenziertes räumliches Vorstellungsvermögen voraus, das wir z. B. in steinzeitlichen Höhlenmalereien oder auch in Zeichnungen von Kleinkindern noch nicht finden. Dies hat seinen Grund darin, daß Bildgegenstände durch Überdeckung ihre ganzheitliche Form, Klarheit und Eindeutigkeit (Prägnanz) verlieren.

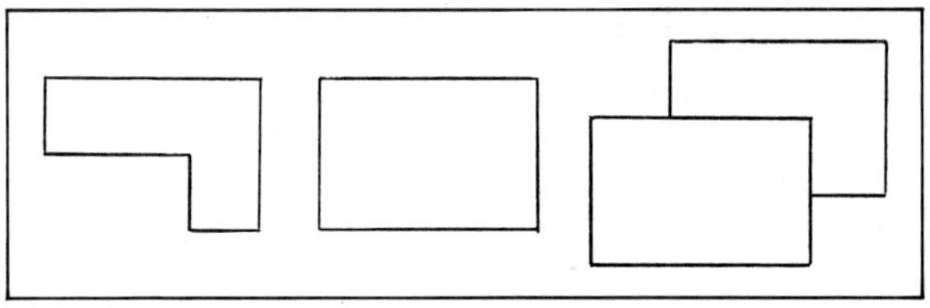

1.3 1.4 1.5

Abb. 1.3–5
Geometrische Figuren

Aufgaben:
– Benenne die Figuren in Abb. 1.3 und 1.4.
– Was siehst du in Abb. 1.5? Warum?

Warum wir in Abb. 1.5 nun nicht mehr ein umgekehrtes L und ein Rechteck, sondern zwei Rechtecke sehen, von denen das eine durch das andere überdeckt wird, läßt sich durch ein Wahrnehmungsgesetz (Gestaltgesetz) erklären:
Wenn eine von zwei aneinandergrenzenden Figuren die einfachere Form hat (das Rechteck ist einfacher als das umgekehrte L), beansprucht die einfachere die gemeinsame Begrenzungslinie für sich allein.
Daß wir Überdeckungen von Formen und Gegenständen auf einer Fläche räumlich deuten, leitet sich auch aus unseren Seherfahrungen im realen Raum ab. Wir sind gewohnt, die teilweise überdeckte Form in unserer Vorstellung zu einer ganzen Form zu vervollständigen, vorausgesetzt natürlich, daß wir bereits wissen, wie die überdeckte Form ohne Überdeckung aussieht.

Abb. 2.1
Kaiser Justinian mit Gefolge, Mosaik aus San Vitale, Ravenna, Mitte 6. Jh.

Diese Darstellung veranschaulicht, daß auch ohne Höhenunterschiede und nur durch teilweises Überdekken der in einer Reihe stehenden Figuren ein eindeutig räumlicher Eindruck entsteht. Die teilweise überdeckten Figuren werden als hinten und die nicht überdeckten als etwas weiter vorne stehend gedeutet.
Vollzieht sich die Überdeckung von Bildgegenständen in systematischer Anordnung, in ungefähr gleichen Abständen und in eine bestimmte Richtung, so spricht man von *Staffelung* (vgl. Abb. 33.1).
Einen Sonderfall der Überdeckung stellt die *Transparenz* (Durchsichtigkeit) dar. Hierbei wird ein Objekt von einem anderen, transparenten, teilweise überdeckt. Dabei mischen sich die Helligkeit, Farbigkeit oder Textur (die Struktur der Stofflichkeit). Wird z. B. eine gelbe Fläche von einer blauen Glasscheibe teilweise überdeckt, so mischt sich die überdeckte Fläche zu einem neuen Farbton, also zu Grün.
Die Überlagerung von Linien nennt man *Überschneidung* (vgl. Abb. 2.2).
Bildgegenstände werden häufig nur mit Hilfe von Umrißlinien gezeichnet (z. B. auch in der Kinderzeichnung). Überschneiden sich die Umrißlinien einer nur mit Linien gezeichneten Form (bzw. mehrerer Formen), so entsteht auch der Eindruck von Transparenz und Räumlichkeit.

Abb. 2.2
Paul Klee: Lenkbarer Großvater, 1930, Tuschzeichnung, 60,2 x 46,2 cm, Paul-Klee-Stiftung, Bern

Aufgaben:
– Zeichne oder male ein spannungsreiches Bild zu folgenden Motiven:
a) Überdeckung:
„Mechaniker bauen das große Uhrwerk eines Kirchturms" (Federzeichnung),
„Ein hoffnungslos überfüllter Oldtimer auf Jubiläumsfahrt" (Deckfarben);
b) Überschneidung:
„Radrennfahrer der Tour de France kurz vor dem Ziel" (Federzeichnung),
„Der Sieger des internationalen Spaghetti-Schnellfreßwettbewerbs im Einsatz" (Federzeichnung oder Kordeldruck);
c) Transparenz:
„Überlagerungen verschieden großer, farbiger Glasscheiben" (Aquarell),
„Spiegelungen am Wasser" (Aquarell).

1.3 Der Größenunterschied

Wir wissen aus Erfahrung, daß Gegenstände im Raum mit zunehmender Entfernung vom Betrachter kleiner erscheinen, als sie in Wirklichkeit sind. Je regelmäßiger sich die Verkleinerung der Gegenstände zur Raumtiefe hin vollzieht, desto stärker ist ihre räumliche Wirkung. Diese durch verschiedene Entfernungen zum Betrachter bedingten *Größenunterschiede* bezeichnet man in der Wahrnehmungspsychologie auch als „Größengefälle". Wendet man den Größenunterschied im Sinne einer Verkleinerung der Bildgegenstände von unten nach oben im Bild gezielt an, so entsteht ein tiefenräumlicher Eindruck (Abb. 3.1).

1 Mittel und Methoden der Darstellung von Körper und Raum auf der Fläche

Es gehört zu den erstaunlichen Fähigkeiten unseres Gehirns, daß wir zwar aufgrund von Größenunterschieden räumliche Entfernungen einschätzen können, daß wir andererseits aber Gegenstände im Raum, deren absolute Größe wir kennen, auch aus großen Entfernungen noch als solche erkennen. Wir deuten ihre Größenabnahme als ein Maß für die Entfernung, werden uns aber über die Tatsache, daß der Gegenstand sich um ein Vielfaches seiner wirklichen Größe verkleinert hat, normalerweise gar nicht bewußt. In der Wahrnehmungspsychologie fällt dieses Phänomen unter den Begriff der Wahrnehmungskonstanz (konstant = unverändert).

Konstanten in der Wahrnehmung

„Wenn man seinen Blick aus einiger Entfernung z. B. auf einen Baum richtet, entwirft dieser auf der Netzhaut des Auges ein entsprechendes Abbild; dieses vergrößert sich, sobald man sich dem Baum nähert. Mit Hilfe einer Kamera wäre leicht zu belegen, daß sich ein Gegenstand um so größer auf einem Foto abbildet, je näher er aufgenommen worden ist. Für den menschlichen Betrachter scheinen sich die Gegebenheiten seiner Umwelt nicht zu verändern, wenn dieser sich ihnen nähert oder von ihnen entfernt. Diese *Größenkonstanz* ist das Ergebnis von Korrekturprozessen in der Wahrnehmung. Der Einfluß solcher Prozesse zeigt sich auch, wenn man einen Gegenstand von verschiedenen Seiten her betrachtet. Wenn man z. B. zwischen Daumen und Zeigefinger senkrecht eine Münze hält, entsteht auf der Netzhaut ein entsprechend rundes Abbild. Durch Drehung der Münze wird aus der kreisrunden Form eine Ellipse, die sich zunehmend abflacht. Trotz dieser Formveränderung erscheint die Münze dem Wahrnehmenden stets als rund. Wiederum sind Korrekturprozesse am Werke gewesen. Sie haben bewirkt, daß sämtliche Gegenstände ihre Form behielten, wenn man sie von den verschiedenen Blickwinkeln aus betrachtete. Das Ergebnis dieser Prozesse bezeichnet man als *Formenkonstanz.* Eine Konstanz gibt es auch in der Farbwahrnehmung: Ein roter Gegenstand bleibt im optischen Eindruck rot, ob man ihn nun bei Sonnenlicht, in der Dämmerung oder bei künstlichem Laternenlicht betrachtet. Somit offenbart sich auch in der *Farbenkonstanz,* daß der Wahrnehmungseindruck das Ergebnis aktiver Prozesse darstellt. [...]

Die Neigung eines Wahrnehmenden, die Merkmale (also Größe, Form und Farbe) eines Gegenstandes unter den verschiedensten Bedingungen als unverändert wahrzunehmen, erleichtert normalerweise das Zurechtfinden in dieser Welt. Die zugrunde liegenden Korrekturprozesse können unter bestimmten – in der Regel künstlichen – Bedingungen aber auch zu optischen Täuschungen führen [vgl. Abb. 3.2 und 3.3.]."

[Mietzel, 1979, S. 55/56]

Aufgabe:

– Nenne selbst Beispiele für Größen-, Form- und Farbkonstanz.

Die Abbildung 3.1 veranschaulicht das Mittel des Größenunterschiedes zur Darstellung von Raumtiefe im Bild.

Abb. 3.1 Georges Seurat: Ein Sonntagnachmittag auf der Insel Grande Jatte, 1884–86

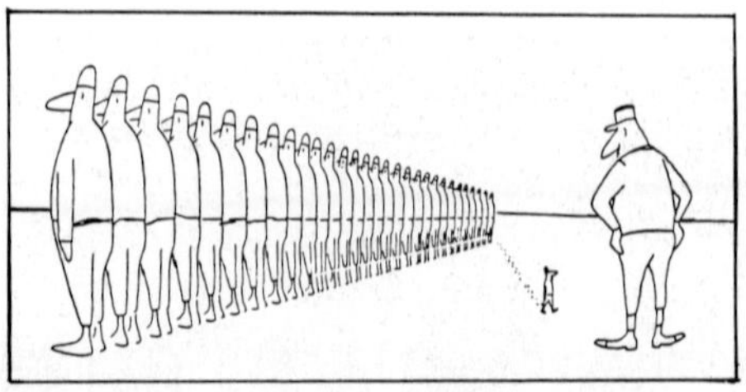

Abb. 3.2 „Der letzte vortreten!", Cartoon, 1970

Abb. 3.3 Drei Männer in einem Gang

Aufgabe:

– Überlege, warum der Cartoon Heiterkeit auslöst und warum die drei in Wirklichkeit gleich großen Männer verschieden groß erscheinen.

Abb. 3.4 René Magritte: „Les Valeurs Personnelles" (Die persönlichen Werte), 1952, Öl auf Leinwand, 81 x 100 cm

Aufgaben:
– Beschreibe, was du auf Abb. 3.4 siehst. Wie wirkt dieses Bild auf dich? Was wollte der Maler mit seinem Bild zum Ausdruck bringen? Warum hat er wohl sein Bild „Die persönlichen Werte" genannt?
– Zeichne (mit Tusche und Feder) einen großen, zugefrorenen See, auf dem sich jung und alt beim Schlittschuhlaufen erfreut. Versuche, mit den bisher behandelten Mitteln der Raumdarstellung eine stark tiefenräumliche Bildwirkung zu erzielen.
– Anderer Vorschlag: „Als Fotograf direkt hinter dem Tor gelingt mir der spannendste Schnappschuß eines Angriffs aufs Tor" (Feder/Filzstift/Kreide).

1.4 Der Helligkeitsunterschied

Mit Hilfe gezielt eingesetzter Helligkeitsabstufungen von Dunkel nach Hell oder umgekehrt lassen sich sowohl räumliche als auch körperhaft-plastische Wirkungen erzielen.
Zunächst wollen wir die Wirkungen von Hell-Dunkel-Kontrasten bei flächigen Figuren untersuchen:

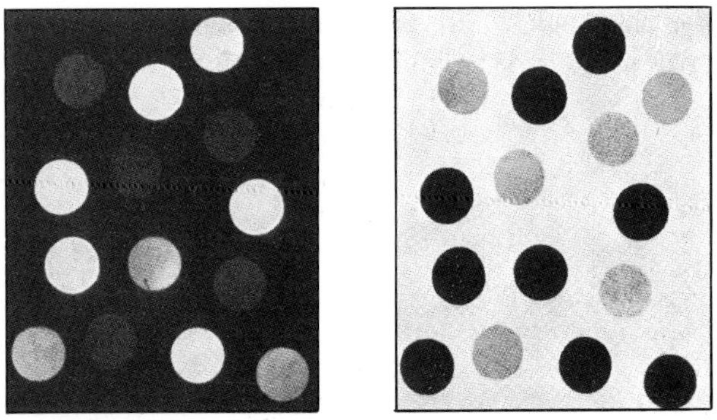

Abb. 4.1
Verschieden helle Kreise auf schwarzem und auf weißem Grund

Aufgabe:
– Erläutere die räumlichen Wirkungen beider Abbildungen. Kannst du eine Gesetzmäßigkeit daraus ableiten?

Abb. 4.2
Drei verschieden helle Häuser

Aufgabe:
– Alle drei Häuser stehen in einer Reihe, keines überdeckt das andere, und trotzdem entsteht eine räumliche Wirkung. Welche? Warum?

Wird der Helligkeitsunterschied als ein Mittel der Raumdarstellung im Bild angewandt, so gilt zu beachten, daß sich die Helligkeitsverhältnisse in einem Innenraumbild umgekehrt zu einem Landschaftsbild darstellen können. Während in einem Landschaftsbild die dunkleren Teile, räumlich gesehen, nach vorne und die helleren nach hinten treten, können sich die Helligkeitsverhältnisse im Innenraum, je nach Position der Lichtquelle, genau umkehren. Befindet sich die Lichtquelle z. B. links oben im Bildvordergrund, so erscheint der Hintergrund des Zimmers wesentlich dunkler als die im Vordergrund befindlichen Bildgegenstände.
Beabsichtigt man, Helligkeitsunterschiede als raumbildendes Mittel einzusetzen, so muß darauf geachtet werden, daß sich die Helligkeitsabstufungen der Tonwerte, z. B. von Schwarz nach Weiß, kontinuierlich (stetig) vollziehen. Nur dann entsteht eine eindeutig tiefenräumliche Wirkung (Abb. 5.1).

Abb. 4.3
Helligkeitsunterschiede im Landschaftsbild (C. G. Carus: Kahnfahrt auf der Elbe, 1827, Detail)

Aufgaben:
– Mische aus den unbunten Farben Schwarz und Weiß eine abgestufte Reihe von Hell nach Dunkel.
– Male nach dieser Vorübung mit unbunten Farben eine „Industrielandschaft im Smog". Setze außer dem Helligkeitsunterschied alle bisher behandelten Mittel der Raumdarstellung gezielt ein, um eine stark tiefenräumliche Wirkung zu erzielen.

Das Bild von Velázquez (Abb. 5.1) veranschaulicht uns auch, daß Helligkeitsunterschiede nicht nur die Raumlage von Gegenständen und Figuren bestimmen, sondern daß sie vor allem auch *plastisch-körperhafte* Wirkungen hervorrufen. Gegenstände, die von allen Seiten gleich stark ausgeleuchtet werden, erscheinen eher flächig als körperhaft. Kontinuierliche Übergänge zwischen Licht und Schatten, wie sie sich vor allem auf gekrümmten Flächen ergeben, erhöhen die plastische Wirkung eines Gegenstandes. Durch den Schatten, den ein Gegenstand im Licht auf seine Standfläche wirft (Schlagschatten), wird auch seine räumliche Position deutlich. Figuren oder Gegenstände, die in Bildern ohne Schlagschatten dargestellt werden, wirken standort- und daher auch raumlos.

Abb. 5.1
Helligkeitsunterschiede im Innenraumbild (D. Velázquez: Die Tischgesellschaft, 1619)

Aufgabe:
– Male mit vorwiegend unbunten Farben (eventuell unter Einbeziehung von Erdfarben) ein Stilleben von Büchsen und Flaschen auf einem Tisch. Das Licht komme von links oben. Beachte, daß sich auf der Innenseite der offenen Büchsen die Helligkeitsverhältnisse von Licht und Schatten umkehren. Versuche, durch Schlagschatten, den Standort der Gegenstände auf dem Tisch zu bestimmen.

Abb. 5.2–6
Darstellung der bisher behandelten Mittel der Körper- und Raumdarstellung auf der Fläche. 5.2: Höhenunterschied, 5.3: Überdeckung, 5.4: Größenunterschied, 5.5: Helligkeitsunterschied, 5.6: das Zusammenwirken aller vier Mittel

1.5 Der Farbunterschied (Farb- und Luftperspektive)

Wir nehmen Farben in Natur und Umwelt als eine Eigenschaft der Dinge wahr, z. B. als rote Tomate, gelbe Löwenzahnblüte, grüne Tanne usw. Die Erscheinungsweise der Gegenstandsfarben ist aber nicht immer gleich, sondern von der Art des Beleuchtungslichtes, von der Stellung der Gegenstände im Raum und von der Beschaffenheit der Atmosphäre (Dunst, Luftverunreinigung etc.) abhängig. Beim Betrachten einer Landschaft fällt auf, daß sich die Farben der Dinge im Raum mit zunehmender Entfernung verändern. Diese Erscheinung und ihre gezielte Anwendung im Bild nennt man *Farbperspektive.*
Durch Feuchtigkeit und Verunreinigung der Atmosphäre wird das einfallende Sonnenlicht teilweise (als Seiten- oder Querlicht) gestreut. Mit zunehmender Entfernung vom Betrachter werden die langwelligen Strahlen, wir nennen sie in der bildenden Kunst die „warmen Farben", zerstreut, so daß sie als „kalte Farben" auf unsere Netzhaut auftreffen. Ab einer bestimmten Entfernung – sie ist abhängig von der Beschaffenheit der Atmosphäre – können wir also keine warmen Farben mehr sehen. Alle Farben „verblauen" zum Hintergrund hin. Sie verlieren dabei auch zunehmend an Intensität und Leuchtkraft und werden immer heller. Durch zunehmende Lichtstreuung addieren sich die Farben immer mehr zu „weißem" Licht. Aufgrund dieser optischen Erscheinungsweise der Farben im Raum verbinden wir warme und leuchtende Farben mit Nähe, kalte, getrübte, mit „Weiß aufgehellte" Farben hingegen mit Ferne.
Als *Luftperspektive* bezeichnet man die Auflösung der Konturen von Gegenständen bei zunehmender Entfernung vom Betrachter; je feuchter und verunreinigter die Luft, um so stärker wirkt sie. Bei vollständig staubfreier und trockener Luft erscheinen daher Berge in sehr großer Entfernung scharf konturiert und zum Greifen nahe. Bei starkem Nebel oder bei Rauchentwicklung können sich die Umrisse von Gegenständen hingegen schon nach wenigen Metern Entfernung vollständig auflösen.

Aufgaben:
– Male mit Deckfarben eine herbstliche Voralpenlandschaft. Setze die Farbperspektive gezielt ein, um eine stark tiefenräumliche Wirkung zu erzielen (Vordergrund: warme Erdfarben; Mittelgrund: von „warm" nach „kalt" abgestufte Grüntöne; Hintergrund: bis ins hellste Blau gehend).
– „Beobachtungen im Nebel". Wähle einen Ausschnitt aus einer interessanten Stelle in der Natur oder in der Stadt, z. B. in der Hauptverkehrszeit. Setze mit Hilfe einer transparenten Malweise die Luftperspektive gezielt ein.

1.6 Konstruierte perspektivische Darstellungsweisen

Architekten, Bühnenbildnern, Ingenieuren und technischen Zeichnern stellt sich die Aufgabe, räumliche Objekte, Baukörper, Maschinen usw. in Zeichnungen anschaulich darzustellen, um dem Betrachter klare räum-

liche Vorstellungen der betreffenden Objekte zu ermöglichen. Mit Hilfe konstruierter perspektivischer Darstellungen sollen darüber hinaus auch die geometrischen Eigenschaften der dreidimensionalen Gegenstände, also ihre Form, Größe und Proportionen, maßstäblich abgelesen werden können.
Die konstruierte Perspektive ist zwar heute vor allem ein Fachbereich der darstellenden Geometrie, entdeckt wurde ihre Gesetzmäßigkeit aber von Künstlern zu Beginn des 15. Jahrhunderts in der Absicht, vor allem Innenräume in einem optisch richtigen räumlichen Zusammenhang im Bild darstellen zu können. Die konstruierte Perspektive findet jedoch nur dort Anwendung, wo es sich um „geradentreue" Abbildungen handelt. Für die Darstellung von ausschließlich natürlichen Formen ohne geometrischen Aufbau, wie z. B. menschliche Figur, Tier, Pflanze oder Landschaft, ist die Anwendung der konstruierten Perspektive nicht angezeigt. Räumliche Zusammenhänge von natürlichen Formen können im Bild mit Hilfe der in den vorausgegangenen Abschnitten erläuterten Mittel der Raumdarstellung wiedergegeben werden. Für die anschauliche Darstellung von Körpern mit geometrischem Aufbau ist aber auch für Grafiker und Maler die Kenntnis und richtige Anwendung der Gesetze der konstruierten Perspektive unerläßlich.

Herleitung perspektivischer Darstellungsweisen aus der Projektion

Um die verschiedenen Konstruktionsmethoden der Perspektive zu verstehen, muß man ihre Herleitung aus dem Vorgang der Projektion flächiger oder dreidimensionaler Objekte auf eine Bildebene kennen. Der Begriff *„Projektion"* ist in der darstellenden Geometrie wie folgt definiert:

„Wird ein Körper oder eine Figur durch Strahlen auf eine Ebene abgebildet, so spricht man von einer Projektion. Die Strahlen heißen Projektionsstrahlen, die Ebene nennt man Projektions- oder Bildebene.
Sind die Projektionsstrahlen parallel, so hat man eine *Parallelprojektion;* gehen sie von einem Punkt [Zentrum] aus, so liegt eine *Zentralprojektion* vor. [Beispiele für eine Parallelprojektion sind Schattenbilder im Sonnenlicht und für eine Zentralprojektion die Lichtbild- oder Filmprojektion.]
Je nachdem die parallelen Projektionsstrahlen senkrecht oder schräg zur Bildebene verlaufen, ergibt sich die *senkrechte* oder die *schräge* Parallelprojektion. Die entstehenden Bilder heißen Normalriß bzw. Schrägriß."
[Lambacher/Schweizer, 1968, S. 191]

Das Wort „Projektion" wird sowohl für den Vorgang des Projizierens als auch für das Ergebnis dieses Vorganges, für seine zeichnerische Darstellung, gebraucht. In der bildenden Kunst spricht man dagegen statt von Projektion häufiger von *Perspektive.*

Die drei Projektionsverfahren

Die Parallelprojektion ist eine Zentralprojektion aus unendlicher Entfernung, gemäß dem Satz, daß sich Parallelen im Unendlichen schneiden, und stellt damit einen Sonderfall der Zentralprojektion dar. Im Unterschied zur Zentralperspektive, die am ehesten unserem natürlichen Sehen entspricht, sind die Abbildungsverfahren der Parallelprojektion Denk- und Vorstellungsmodelle, die dem natürlichen Sehen nicht entsprechen.
Wir beginnen mit den Darstellungsweisen der Parallelprojektion, da diese wesentlich einfacher und schneller zu konstruieren sind.

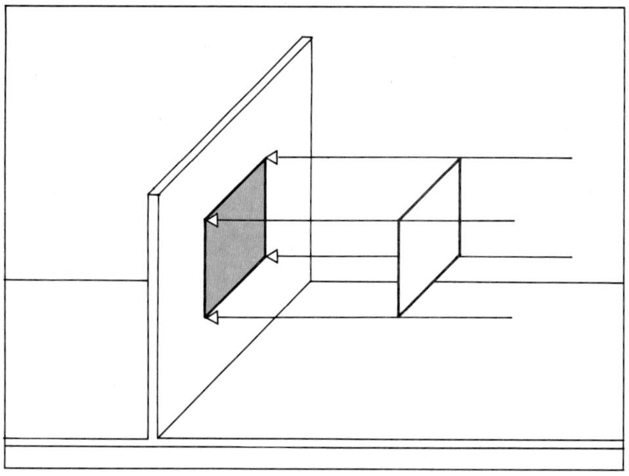

Abb. 6.1
Die senkrechte Parallelprojektion

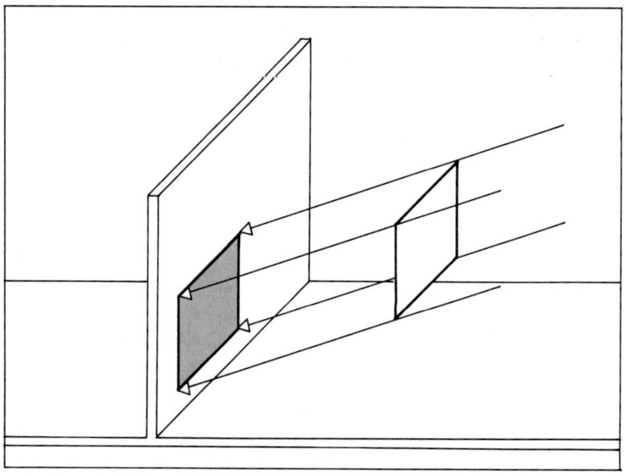

Abb. 6.2
Die schräge Parallelprojektion

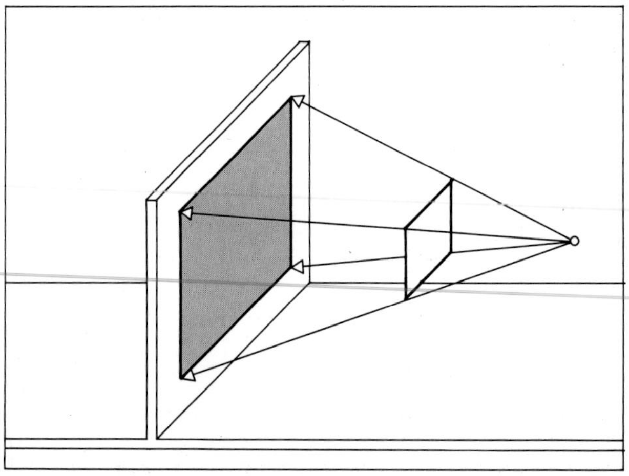

Abb. 6.3
Die Zentralprojektion

1.6.1 Die Parallelprojektion (Parallelperspektive)

a) Die senkrechte Parallelprojektion (Normalprojektion)

Hierbei stehen die Projektionsstrahlen, die eine flächige Figur oder einen Körper auf eine Ebene abbilden, senkrecht (normal) zur Bildebene. Das Bild des so projizierten Gegenstandes nennt man *Normalriß* (vgl. Abb. 6.1).
Die senkrechte Parallelprojektion wird vor allem in der Architektur und im Ingenieurwesen bei konstruktiven Zeichnungen von Körpern (Baukörpern, Bauelementen) angewandt, nämlich zur Darstellung

- des *Grundrisses* (Draufsicht – Blick von oben),
- des *Aufrisses* (Vorderansicht – Blick von vorne) und
- des *Seitenrisses* (Seitenansicht – Blick von links).

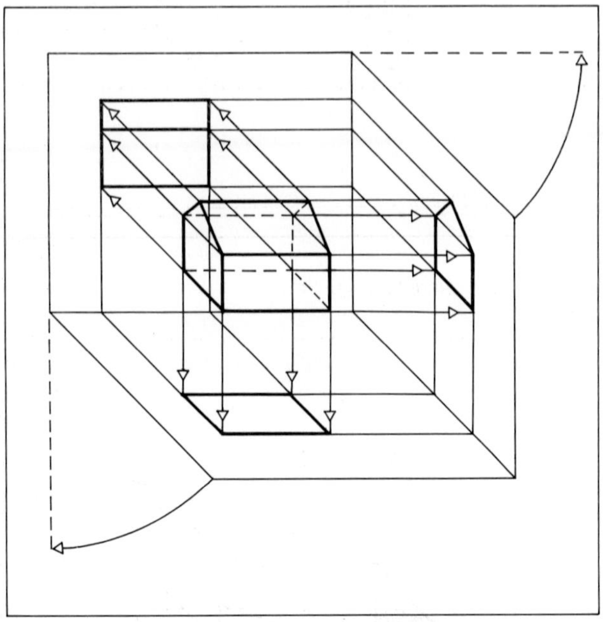

Abb. 7.1
Dreitafelprojektion eines Baukörpers (Grundriß, Aufriß, Seitenriß)

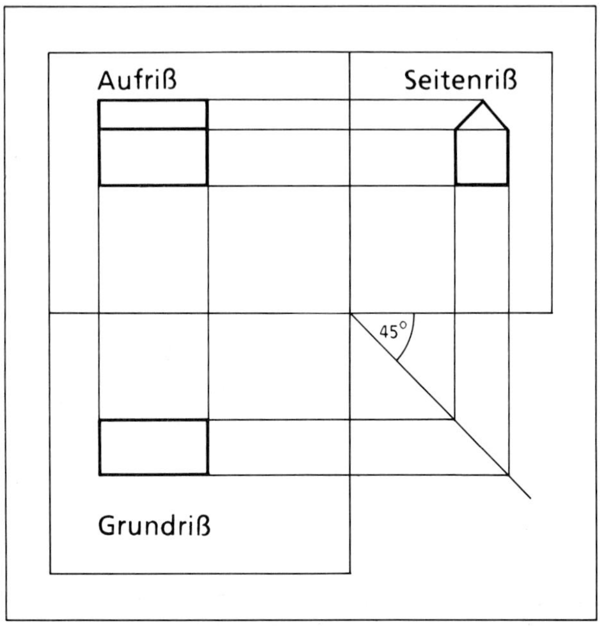

Abb. 7.2
Werkzeichnung. Anordnung der Normalrisse in *einer* Bildebene

Der Grundriß eines Körpers ist sein Normalriß auf eine horizontale Bildebene, der Aufriß sein Normalriß auf eine vertikale Bildebene und der Seitenriß der Normalriß eines Körpers auf eine Bildebene, die sowohl zur Grundrißebene als auch zur Aufrißebene senkrecht steht. Abb. 7.1 zeigt, wie durch *Dreitafelprojektion* die drei Normalrisse durch jeweils senkrechte Parallelprojektion auf eine Bildebene entstehen.
Um alle drei Normalrisse eines Körpers in derselben Ebene darstellen zu können, halten wir die Aufrißebene fest und drehen die beiden anderen Ebenen so, daß der Grundriß des Körpers genau unter dem Aufriß und der Seitenriß auf gleicher Höhe rechts neben dem Aufriß liegt (vgl. Abb. 7.2).

Aufgaben:
– Stell dir selbst ein kleines Papiermodell eines Hauses mit Satteldach her, damit du dir bei den nachfolgenden Konstruktionszeichnungen die räumliche Situation besser vorstellen kannst.
Entwirf zunächst mit Bleistift und Lineal auf einem unlinierten DIN-A4-Blatt das Schnittmuster (Netz) eines Hauses (samt allen notwendigen Klebelaschen) mit folgenden Maßen:
Gesamthöhe (mit Dach): 4 cm, Höhe bis zum Dachansatz: 3 cm; Länge: 4 cm; Breite: 2 cm.
Berechne die Länge der Dachschrägen mit Hilfe des Satzes von Pythagoras.
– Zeichne mit Bleistift und Geodreieck maßtreu Grund-, Auf- und Seitenriß deines Hausmodells in der Anordnung von Abb. 7.2.

b) Die schräge Parallelprojektion

Soll ein anschauliches, räumlich wirkendes Bild eines Körpers in Parallelprojektion gewonnen werden, so ist dazu eine schräge Parallelprojektion notwendig. Wir nennen dieses Bild *„Schrägbild"* (vgl. Abb. 6.2).
Diese Projektionsrichtung ist für mehrere Konstruktionsmethoden der Parallelprojektion Voraussetzung. Wir beschränken uns im Kunstunterricht in der Regel auf zwei Darstellungsarten schräger Parallelprojektion:

- die Kavalierperspektive (Aufrißschrägbild) und
- die Militärperspektive (Grundrißschrägbild).

Die Kavalierperspektive eignet sich vor allem zur Darstellung der Fassade und von Schnitten durch einen Baukörper, parallel zu seiner Frontansicht. Die Militärperspektive wird zur räumlichen Veranschaulichung von Grundrissen, der Raumaufteilung eines Gebäudes oder zur Darstellung von Gebäudekomplexen verwendet. Beide Projektionen sind nicht genormte Darstellungsverfahren.
Wir verzichten auf isometrische und dimetrische Darstellungsarten, zwei nach DIN 5 für technische Zeichnungen genormte Verfahren schräger Parallelprojektion.
In der darstellenden Geometrie konstruiert man Schrägbilder mit Hilfe eines räumlichen (kartesischen) Koordinatensystems. Ein solches Abbildungsverfahren nennt man Axonometrie; ihre Anwendung gehört in den Mathematikunterricht.

Aufgaben:
– Schneide einen ungefähr 30 cm langen Papierstreifen aus, und falte ihn mehrfach im rechten Winkel. Lege den gefalteten Streifen vor dich auf den Tisch, und versuche, ihn (freihändig) räumlich zu zeichnen.
– Zeichne nach Vorlage einen mehrfach gekrümmten Papierstreifen. Verstärke die räumliche Wirkung deines Bildes durch eine gezielte Hell-Dunkel-Gestaltung. Das Licht soll von links einfallen.

Die Kavalierperspektive (Aufrißschrägbild)

Bei der Konstruktion der Kavalierperspektive geht man von der wahren Größe des Aufrisses (der Ansicht) eines Körpers, z. B. eines Würfels, aus. Man legt dabei den Würfel so, daß eine Seitenfläche parallel zur Bildebene steht; sie erscheint dann in wahrer Größe. Die anderen Flächen des Würfels, die senkrecht zur Bildebene stehen, erscheinen in der Zeichnung verzerrt als Parallelogramme. Die Richtung und Länge der Tiefenkanten des Würfels sind nicht festgelegt. Es ist aber üblich, sie im Verhältnis 1 : 2 zu verkürzen und ihre Richtung durch einen Winkel von $\alpha = 45°$ anzugeben. Verkürzt man die Tiefenmaße des darzustellenden Würfels nicht, so erscheint er in der Zeichnung in seiner Tiefenausdehnung übertrieben groß.
Da die Projektionsstrahlen, die den Körper in schräger Parallelprojektion auf die Bildebene abbilden, schräg von oben einfallen, hat der Betrachter gegenüber dem dargestellten Körper einen erhöhten Standpunkt. Der Begriff „Kavalierperspektive" leitet sich aus diesem erhöhten Betrachterstandpunkt ab. Bei Festungsbauten vergangener Jahrhunderte nannte man die überhöhten Bauteile, von denen aus man einen guten Blick über die gesamte Festungsanlage hatte, „Cavaliere".

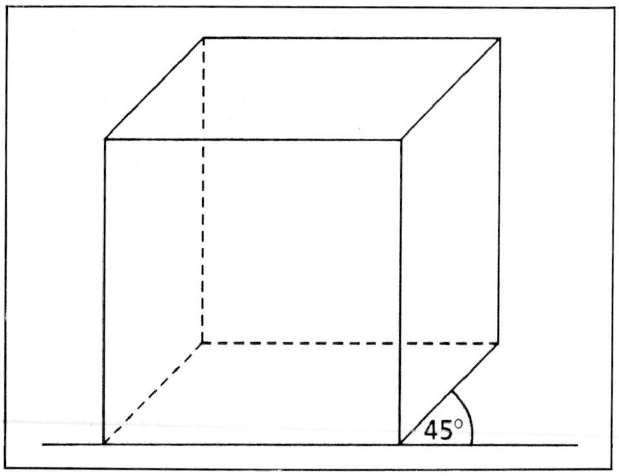

Abb. 8.1
Darstellung eines Würfels in Kavalierperspektive

Aufgaben:
– Erläutere, wie dieses Bild konstruiert wurde.
– Zeichne selbst einen Würfel oder Quader in Kavalierperspektive, und untersuche, wie sich das Bild verändert, wenn du die Richtung der Tiefenkanten (z. B. 30° oder 60°) und den Verkürzungsmaßstab der Höhe (z. B. 1 : 3 oder 2 : 3) änderst.
– Zeichne das Modell deines Hauses maßtreu in Kavalierperspektive.
– Konstruiere deinen Namenszug in dreidimensionalen Großbuchstaben auf ein DIN-A4-Blatt (Höhe = 5 cm, Breite = 1 cm, Tiefe = 2 cm, Winkel = 45°). Zeichne nur die sichtbaren Teile der Buchstaben.

Exkurs:
Darstellung eines Kreises in Kavalierperspektive
Etwas schwieriger als die Darstellung rechtwinkliger Körper ist die Konstruktion des perspektivischen Bildes runder geometrischer Figuren (Kreis) und Körper (Zylinder). Ein in einen Würfel eingeschriebener Kreis erscheint in der Frontansicht maßtreu und unverzerrt und dient daher als Konstruktionsgrundlage. Durch die perspektivische Verzerrung der Seitenflächen des Würfels erscheinen die den Parallelogrammen eingeschriebenen Kreise als Ellipsen. Zur Konstruktion einer Ellipse benötigen wir acht Hilfspunkte, die wir mit einem Kurvenlineal verbinden.

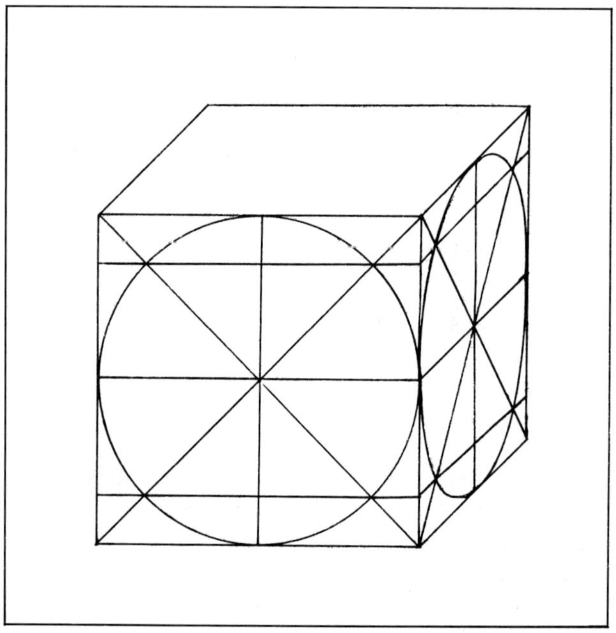

Abb. 8.2
Darstellung eines Kreises in Kavalierperspektive

Aufgaben:
– Erläutere anhand dieser Abbildung, wie die Ellipse konstruiert wurde.
– Konstruiere selbst einen Würfel in Kavalierperspektive, dem an Deck- und Seitenfläche ein Kreis (Ellipse!) eingeschrieben ist.

Die Militärperspektive (Grundrißschrägbild)

Bei der Militärperspektive geht man von der wahren Größe des Grundrisses eines Körpers aus. Die Lage des Grundrisses kann frei gewählt werden; es ist aber üblich, ihn so zu drehen, daß er zur Bildebene einen Winkel von 30° bzw. 60° einnimmt. Die stets zum rechten/linken Bildrand parallelen Vertikalen und die schräg verlaufenden Tiefenkanten werden nicht verkürzt. Außer der Grund- und Deckfläche des Körpers (z. B. Würfels)

erscheinen alle anderen Flächen verzerrt (z. B. als Parallelogramme).
Befestigungsanlagen wurden in vergangenen Jahrhunderten in dieser anschaulichen Darstellungsart gezeichnet; daher die Bezeichnung „Militärperspektive".

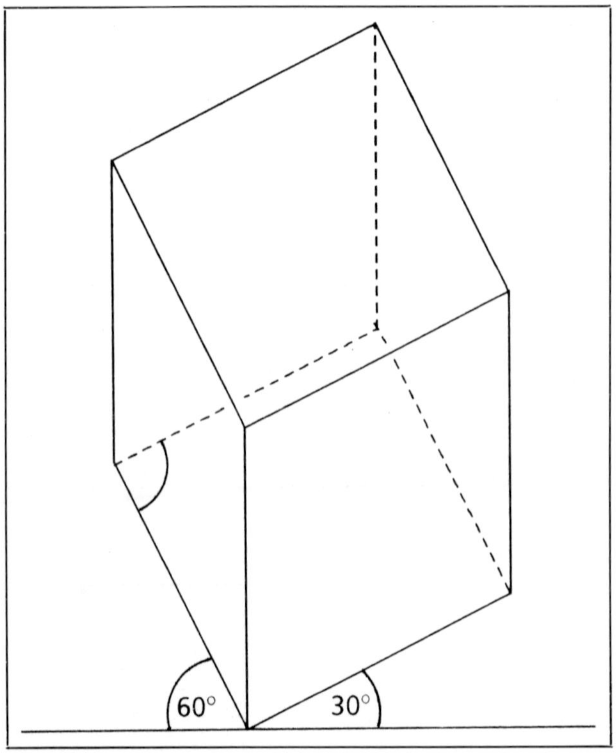

Abb. 9.1
Darstellung eines Würfels in Militärperspektive

Aufgaben:
- Erläutere, wie dieser Würfel konstruiert wurde.
- Zeichne das Modell deines Hauses maßtreu in Militärperspektive.
- Konstruiere auf ein DIN-A3-Zeichenpapier einen rechtwinklig angelegten Irrgarten (mit einer Wandstärke von 1 cm) in Militärperspektive. Zeichne von unten nach oben.
- Versuche, deine Wohnung in Militärperspektive zu zeichnen. Beginne mit dem Grundriß (Maßstab 1 : 100).

Exkurs:
Schattenkonstruktion in Militärperspektive
Durch Schatten wird die Darstellung eines Körpers anschaulicher, sie bestimmen sowohl seine Körperhaftigkeit als auch seine Stellung im Raum. Die Schatten auf den Flächen, die der Lichtquelle abgewandt sind, heißen *Eigenschatten*. Die Schatten, die ein Körper im Licht auf eine andere Fläche wirft, nennt man *Schlagschatten*. Als Beleuchtungslicht wählen wir die parallelen Projektionsstrahlen der Sonne. Sie sollen parallel zur Bildebene, in einem Winkel von 45°, auf den Körper treffen.

Aufgaben:
- Erläutere anhand der Abbildung 9.2 die Schattenkonstruktion.
- Zeichne die Schattenkonstruktion eines Quaders, dem an seiner rechten Seite ein Würfel von etwas niedrigerer Höhe angebaut ist.

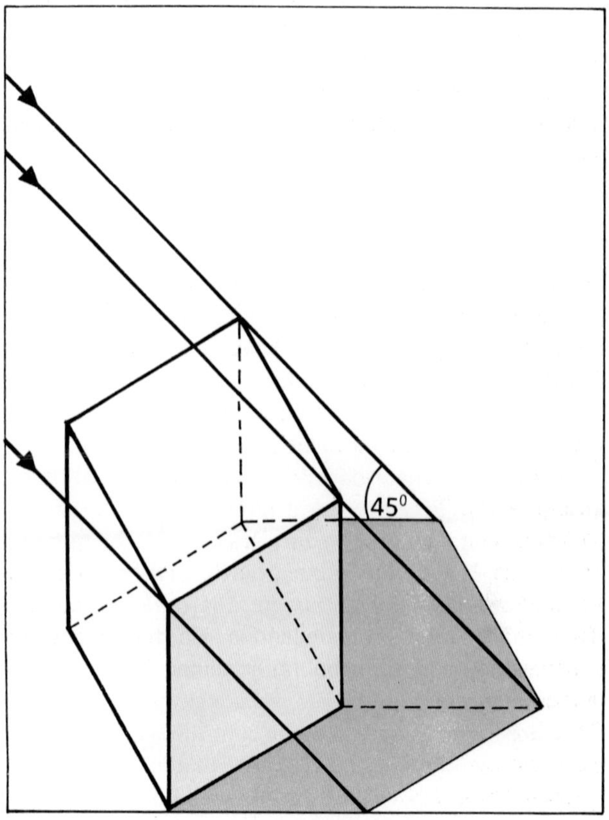

Abb. 9.2
Schattenkonstruktion eines Würfels in Militärperspektive

1.6.2 Die Zentralprojektion

Die Zentralprojektion eines Gegenstandes auf eine ebene Bildfläche ist das Grundprinzip, aus dem sich alle zentralperspektivischen Abbildungen herleiten lassen (vgl. Abb. 6.3). Das natürliche einäugige Sehen entspricht am ehesten dem Vorgang der Zentralprojektion. Auch beim Sehvorgang gehen alle Sehstrahlen durch einen zentralen Punkt, den „Augpunkt". Die Menge der Schnittpunkte aller Sehstrahlen, die zu einem Körper gehören, mit einer als durchsichtig gedachten Bildebene (Glasscheibe), stellt dann das zentralperspektivische Bild dieses Körpers dar. Von allen bisher behandelten Darstellungsweisen dreidimensionaler Objekte und räumlicher Zusammenhänge auf der Fläche (Bildebene) erscheinen uns zentralperspektivische Abbildungen am ehesten natürlich und optisch richtig.
Der Unterschied aber zwischen einer Zentralprojektion und dem menschlichen Sehvorgang besteht darin, daß wir mit zwei Augen sehen (also zwei Bilder als eines wahrnehmen), daß das Bild eines realen Gegenstandes auf der Netzhaut winzig klein, umgekehrt und seitenverkehrt abgebildet wird und daß die Netzhaut selbst keine ebene Fläche, sondern sphärisch (kugelförmig) gekrümmt ist. Es gehört zu den erstaunlichen Leistungen unseres Gehirns, diese Unterschiede zu korrigieren, so daß wir sie gar nicht wahrnehmen.

Die Gesetzmäßigkeiten der zentralperspektivischen Konstruktion mit einem Hauptfluchtpunkt wurde zu Beginn des 15. Jahrhunderts durch den italienischen Renaissancekünstler, Architekten und Bildhauer Filippo Brunelleschi (1377–1446) entdeckt und von dem Maler Masaccio (1401–1428) zum erstenmal konsequent in der Malerei angewandt (vgl. Abb. 35). Es sollte noch gut 150 Jahre dauern, bis die europäischen Künstler Körper und Raum im Bild mit Hilfe der Übereckperspektive, einer Zentralperspektive mit zwei oder mehr Fluchtpunkten, konstruierten.

Jahrtausendelang haben Menschen räumliche Darstellungen in Bildern ohne exakt konstruierte Zentralperspektive dargestellt, und es gibt Kulturen, denen auch heute noch zentralperspektivisches Sehen, Denken und Darstellen fremd ist. Die Zentralperspektive ist also nur *eine* von vielen Möglichkeiten, Körper und Raum auf der Fläche darzustellen, und keinesfalls ist sie die allein richtige Methode. Je nach der Weltanschauung eines Kulturkreises, einer Epoche ändert sich die Art und Weise, Raum im Bild darzustellen. Es wäre also falsch, mittelalterliche Bilder, deren Raumstruktur nicht europäisch neuzeitlichem Sehen entspricht, als unrichtig zu betrachten. Dies gilt um so mehr, als sich ja auch bedeutende Künstler unseres westlichen Kulturkreises (Picasso, Braque, de Chirico, Kandinsky, Kirchner, Klee usw.) bereits zu Beginn unseres Jahrhunderts entschieden von zentralperspektivischen Darstellungsweisen abgewandt haben, weil sie ihrem Verständnis von Wirklichkeit und vom Bild als Fläche nicht mehr entsprach (vgl. Abb. 44.2,3 und 46.2).

Grundbegriffe der zentralperspektivischen Konstruktion

Der Betrachter steht auf der *Grundebene* (ge). Sie bildet als Standfläche (z. B. Fußboden) sowohl des Betrachters als auch der abzubildenden Gegenstände die Grundlage der gesamten Konstruktion. Befinden sich der Betrachter und/oder die Gegenstände über der Grundebene, so wird ihr Ort im Raum als gedachter Standort auf die Grundebene projiziert.

Der *Betrachterstandpunkt* (St) auf der Grundebene liegt senkrecht unter dem *Augpunkt* (A), der bei durchschnittlicher Augenhöhe etwa 1,60 cm beträgt.

Auf der (in unseren Darstellungen stets) senkrecht zur Grundebene stehenden *Bildebene* (be) wird der Gegenstand perspektivisch abgebildet. Er kann hierbei drei verschiedene Positionen einnehmen:

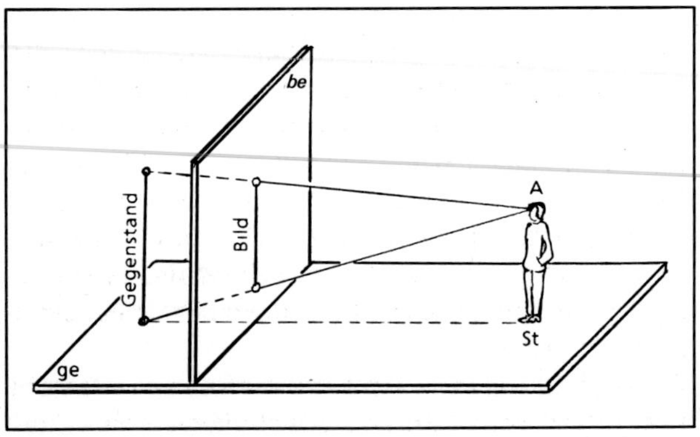

Abb. 10.1

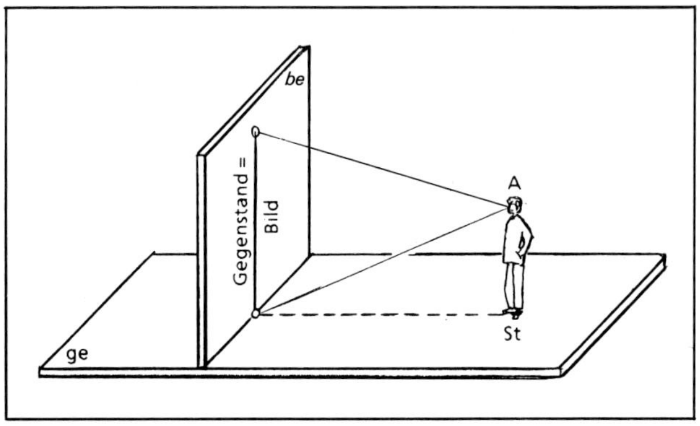

Abb. 10.2

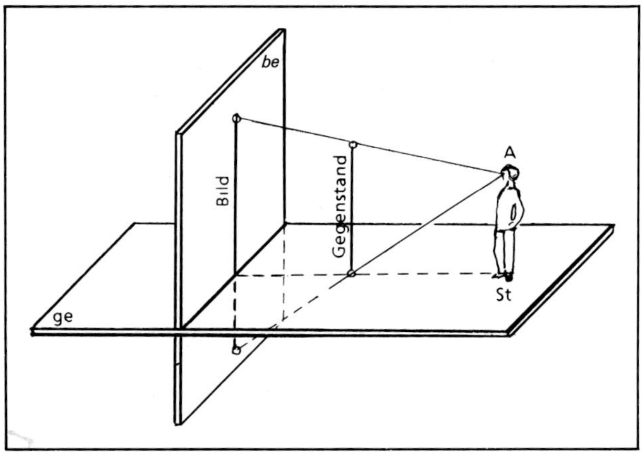

Abb. 10.3

Abb. 10.1–3
Grundschema der Perspektive mit verschiedenen Stellungen des zu zeichnenden Gegenstandes zum Betrachter

a) Betrachter – Bildebene – Gegenstand: Hierbei ist das Bild kleiner als der abzubildende Gegenstand (Abb. 10.1).
b) Betrachter – Gegenstand/Bildebene: Wenn sich der Gegenstand in der Bildebene befindet, sind Gegenstand und Bild gleich groß (Abb. 10.2).
c) Betrachter – Gegenstand – Bildebene: Bei dieser Anordnung ist das perspektivische Bild größer als der Gegenstand (Abb. 10.3).

Im Unterschied zu einer Zentralprojektion mit Lichtstrahlen (z. B. Dia- oder Filmprojektion auf eine Leinwand) sind bei einer zeichnerischen Perspektivkonstruktion die *Projektionsstrahlen* keine Lichtstrahlen, sondern (gedachte) Sehstrahlen, die, vom Augpunkt ausgehend, den Gegenstand in seiner gesamten Dimension erfassen. Für die lineare Perspektivkonstruktion, also eine nur aus Linien bestehende Zeichnung, sind allerdings nur *die* Sehstrahlen wichtig, die zu den Eckpunkten des Gegenstandes (z. B. Würfels) führen. Das *Projektionszentrum* ist identisch mit dem Augpunkt des Betrachters. Um es ganz genau zu sagen: Es befindet sich im Mittelpunkt der Linse des Auges. Obwohl wir mit zwei Augen sehen, gehen wir bei der Perspektivkonstruktion vom einäugigen Sehen aus.

Alle Sehstrahlen, die vom Auge, dem Projektionszentrum, ausgehen, bilden zusammen einen *Sehkegel.* Durch den Schnitt des Sehkegels mit der Bildebene entsteht der *Seh-* oder *Blickkreis* (vgl. Abb. 11.1). Alles, was

innerhalb des Sehkegels und Sehkreises liegt, sehen wir (bei unbewegtem Auge) deutlich und unverzerrt. Die Größe des Sehkreises ist durch den *Blickwinkel* (β) bestimmt. Er ist abhängig vom Abstand des Betrachters zum Gegenstand. Um Verzerrungen des perspektivischen Bildes zu vermeiden, sollte ein Blickwinkel von 60° nicht überschritten werden (vgl. Abb. 12.2).
Der Sehstrahl, der vom Augpunkt senkrecht auf die Bildebene trifft, heißt *Hauptsehstrahl* (hs). Da er durch die Mitte des Sehkegels und des Sehkreises führt, sollte er möglichst auch auf die Mitte der abzubildenden Gegenstände gerichtet werden.

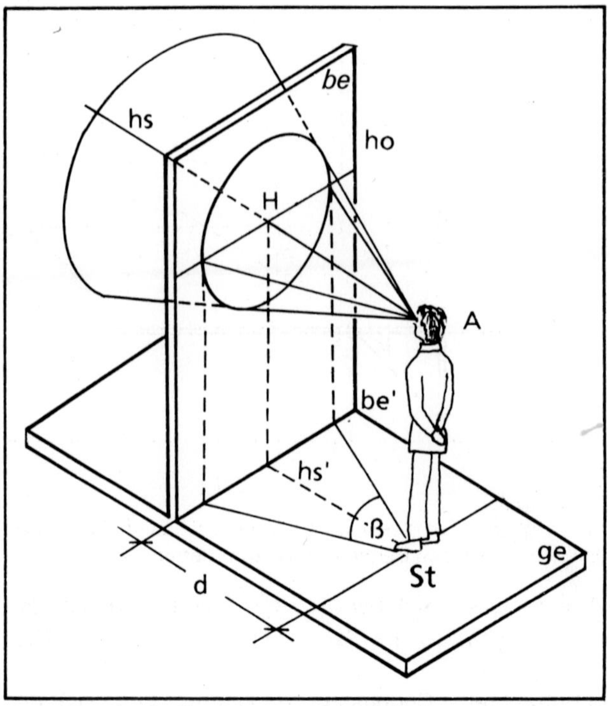

Abb. 11.1
Darstellung des Sehkegels im Zentralperspektiv-Modell

An der Stelle, wo der Hauptsehstrahl auf die Bildebene trifft, befindet sich der *Hauptpunkt* (H). Er liegt stets auf dem *Horizont* (ho), einer gedachten horizontalen Hilfslinie in Augenhöhe des Betrachters. Je nach Höhe des Augpunktes steigt oder fällt auch der Horizont.

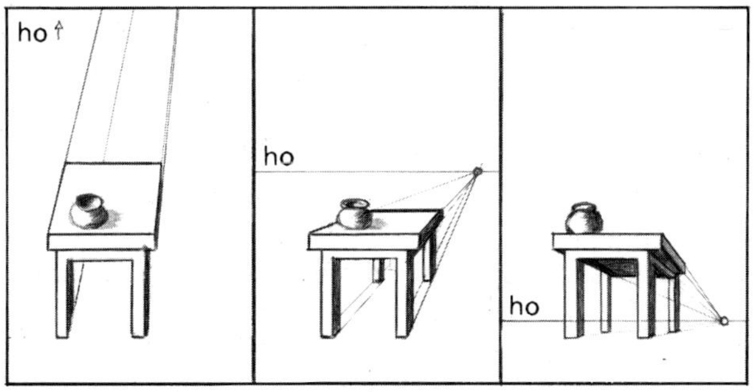

Abb. 11.2
Vogelperspektive, Normalperspektive, Froschperspektive

Wird der Horizont in Augenhöhe eines auf der Grundebene stehenden Betrachters angenommen, reden wir von *Normalperspektive.* Befindet sich der Standpunkt des Betrachters höher, so wird der Gegenstand aus der *Vogelperspektive* gesehen. Sieht man den Gegenstand nahezu von seiner Basis aus, so spricht man von *Froschperspektive* (vgl. Abb. 11.2).

Bei perspektivischen Darstellungen muß darauf geachtet werden, daß sich der Betrachterstandpunkt zur Bildebene in einer angemessenen *Distanz* (d) befindet, damit stärkere Verzerrungen vermieden werden. Eine Künstlerregel besagt, daß die an sich frei zu wählende Distanz zur Bildebene ungefähr das Zweifache der Breite des darzustellenden Gegenstandes betragen sollte. Die Distanz bestimmt die Größe des perspektivischen Bildes. Um so geringer die Distanz, um so kleiner erscheint das Bild und umgekehrt (vgl. Abb. 12.1). Die Distanz vom Betrachter zur Bildebene und der Abstand vom Betrachter zum Gegenstand dürfen nicht verwechselt werden.
Zentralperspektivische Darstellungen sind im Unterschied zu objektiven technischen Zeichnungen (z. B. Grund-, Auf- und Seitenriß Normalprojektion) subjektive Darstellungsarten, denn je nach Wahl des Bildausschnittes, der Augenhöhe des Betrachters, seiner Distanz zur Bildebene und zum Gegenstand ändert sich das perspektivische Bild. Der Betrachter muß sich einen Standort wählen, von dem aus er den Körper im Raum zeichnen will. Im Unterschied zu einem technischen Zeichner, dem es vor allem um größtmögliche Anschaulichkeit körperhaft-räumlicher Verhältnisse auf der Fläche geht, wählt ein Künstler seinen Betrachterstandpunkt vorwiegend nach ästhetischen Kriterien, nach Gesichtspunkten der künstlerischen Gestaltung. So kann eine stark verzerrte Perspektive, die ein technischer Zeichner als unbrauchbar beurteilen würde, künstlerisch sehr reizvoll sein.
Die nachfolgend dargestellten zentralperspektivischen Konstruktionen wollen daher, im Rahmen des Kunstunterrichtes, nicht als Endziel, sondern nur als Grundlage für eigene Versuche verstanden werden, aus denen sich ein freies, kreatives Spiel und Experiment entwickeln kann.

Perspektivische Zeichnungen können entweder
- direkt (vor Ort) nach einem greifbaren, wirklich vorhandenen Objekt (konstruktiv oder ganz frei nach Augenmaß) oder als
- exakt konstruierte Perspektivzeichnung aus gegebenem Grund- und Aufriß eines Körpers mit festgelegtem Betrachterstandpunkt

angefertigt werden.
Vor allem im Arbeitsbereich Architektur, dem in den Lehrplänen für Bildende Kunst heute ein gewichtiger Stellenwert zukommt, ist die Kenntnis konstruierter perspektivischer Darstellungsweisen unerläßlich. Dies gilt auch für Konstruktionszeichnungen im Arbeitsbereich Design/Produktgestaltung. Die konstruierte Perspektive soll aber keinesfalls freie perspektivische Skizzen und Zeichnungen von Gegenständen im Innenraum oder in der Landschaft ersetzen.
Wir beginnen zunächst mit der einfacheren Methode einer zentralperspektivischen Konstruktion nach vorhandenem Objekt.

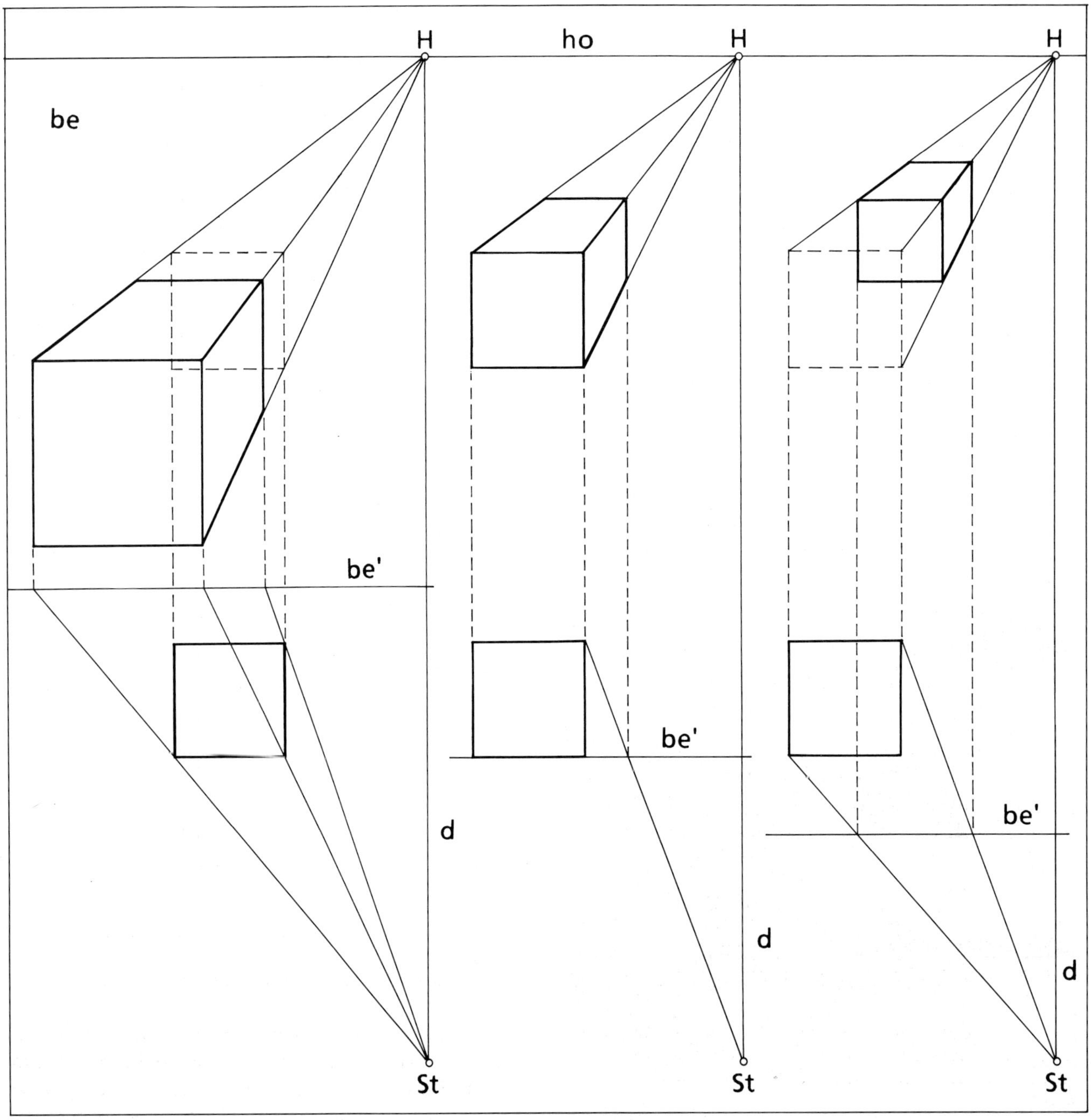

Abb. 12.1
Variationen der Distanz des Betrachters zur Bildebene

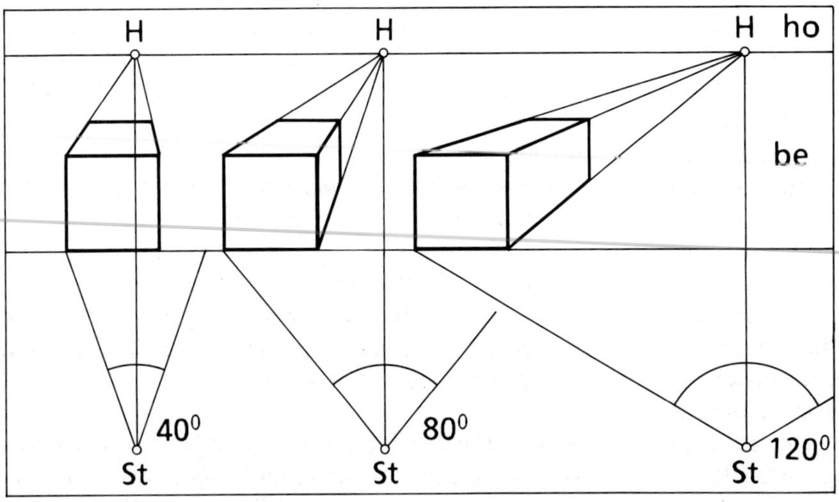

Abb. 12.2
Variationen des Blickwinkels des Betrachters

1 Mittel und Methoden der Darstellung von Körper und Raum auf der Fläche

Aufgabe:
– Stelle dich vor ein Fenster, und wähle dir einen Bildausschnitt auf eine Häusergruppe. Fixiere deinen Augpunkt auf der Fensterscheibe, und achte darauf, daß dein Abstand von der Bildebene (Fenster) unbedingt immer gleichbleibt. Zum Beispiel könntest du versuchen, dein Kinn auf eine Stuhllehne zu legen, so daß die Distanz und die Augenhöhe während des Zeichenvorganges sich nicht verändern. Dein Abstand zum Fenster muß so nah sein, daß du ohne Verrenkungen mit einem Filzstift die Umrißlinien der einzelnen Gebäude auf die Fensterscheibe zeichnen kannst. Wenn das Bild fertig gezeichnet ist, kannst du dich wieder frei bewegen. Verlängere nun alle in die Tiefe führenden Linien deiner Zeichnung exakt mit Hilfe eines Lineals. Was kannst du feststellen?

Du hast nun mit Hilfe der sog. *„Glastafelmethode“* ein erstes perspektivisch richtiges Bild von vorhandenen Objekten (Baukörpern) gezeichnet. Wir wollen uns diesen Abbildungsvorgang noch einmal an einem Holzschnitt von Albrecht Dürer, einem Meister der Perspektive, veranschaulichen.

Abb. 13.1
Albrecht Dürer: Der Zeichner des sitzenden Mannes, 1525

Der Künstler zeigt uns in seinem Holzschnitt, „wie man durchzeichnen kann, das, was man sieht“ [Dürer]. Der Augpunkt ist mit Hilfe eines am Tisch festgeschraubten Visiergerätes mit Lochblende, das sich Dürer selbst gebaut hat und das er in alle drei Richtungen verstellen konnte, fixiert. Damit ist eine der wichtigsten Voraussetzungen für eine richtige zentralperspektivische Konstruktion gegeben. Ein senkrecht und parallel zum Betrachterstandpunkt auf den Tisch montierter Rahmen mit Glasscheibe, auf den ein Transparentpapier aufgespannt ist, dient dem Zeichner als Bildebene. Diese „Glastafelmethode“ half zu Dürers Zeit den Künstlern (z. B. auch Holbein), das langwierige Modellsitzen zu verkürzen, was vor allem bei hochgestellten Persönlichkeiten, die sich porträtieren lassen wollten, wichtig war. Die Künstler fertigten dann aufgrund der perspektivisch richtigen Skizze in Ruhe eine Zeichnung oder ein Ölbild.

a) Die Zentralperspektive (mit einem Hauptfluchtpunkt)

Der abzubildende rechtwinklige Körper soll senkrecht auf der Grundebene (Standfläche) und mit einer Fläche (Front, daher auch der Name „Frontperspektive“) parallel zur Bildebene stehen. Die Frontfläche des Körpers erscheint im Bild unverzerrt. Alle rechtwinklig zur Bildebene stehenden Flächen dagegen erscheinen perspektivisch verzerrt. Die in Wirklichkeit parallelen Kanten des Körpers (z. B. Würfels) konvergieren zur Tiefe hin, so daß sie sich in einem Punkt, dem Hauptpunkt, treffen würden, der in dieser Art der Perspektive zentraler Fluchtpunkt aller konvergierenden Fluchtlinien ist. Alle Linien (Kanten), die parallel zur Bildebene verlaufen, bleiben auch im perspektivischen Bild parallel.

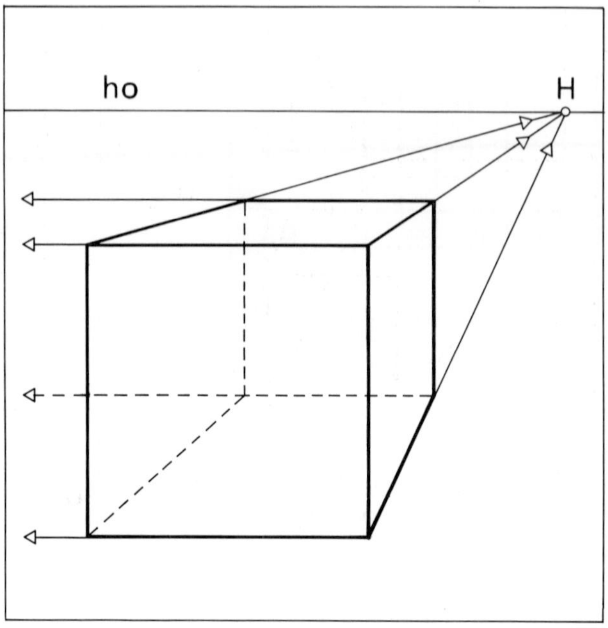

Abb. 13.2
Darstellung der Fluchtlinien eines Würfels in Zentralprojektion

Außer der Darstellung eines wirklich vorhandenen Körpers gibt es auch eine vor allem von Architekten praktizierte Darstellungsweise, die Konstruktion aus gegebenem Grund- und Aufriß eines Körpers zu entwickeln. Bei dieser Methode gehen wir zunächst von einem flächigen Objekt, einem Schachbrett, aus, das in Zentralperspektive dargestellt werden soll.
Wir legen den Grundriß des Schachbrettes mit einer Seite direkt an die Bildebene. Die wahre Länge dieser Seite erscheint dann im Bild unverkürzt (vgl. Abb. 14.1).

Aufgaben:
– Überlege und erkläre, wie das perspektivische Bild des Schachbrettes (Abb. 14.1) konstruiert wurde.
– Zeichne selbst eine solche Konstruktion, aber aus einem anderen Blickwinkel. Wie verändert sich das Bild?
– Lege nun den Grundriß etwas hinter die Bildebene, und versuche, sein perspektivisches Bild zu zeichnen. Wie verändert sich das Bild? Warum?

Wir konstruieren nun das Bild eines Würfels in Zentralperspektive aus seinem Grundriß (vgl. Abb. 14.3).

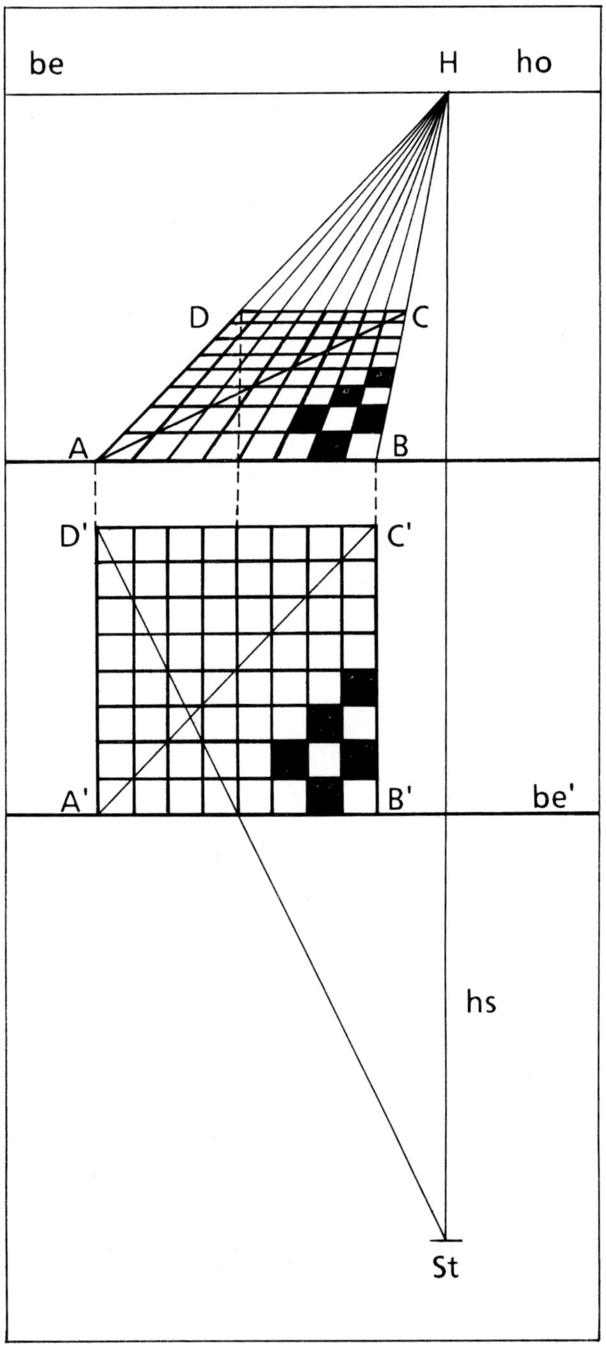

Abb. 14.1
Konstruktion eines Schachbrettes aus seinem Grundriß

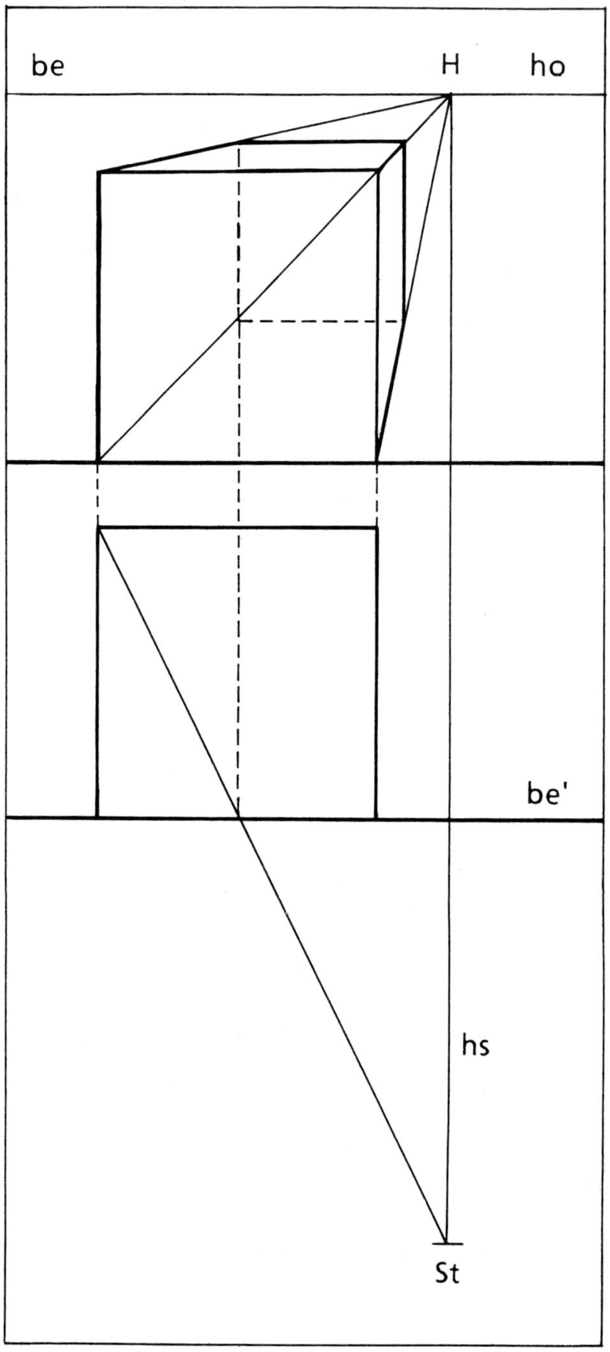

Abb. 14.3
Konstruktion eines Würfels aus seinem Grundriß

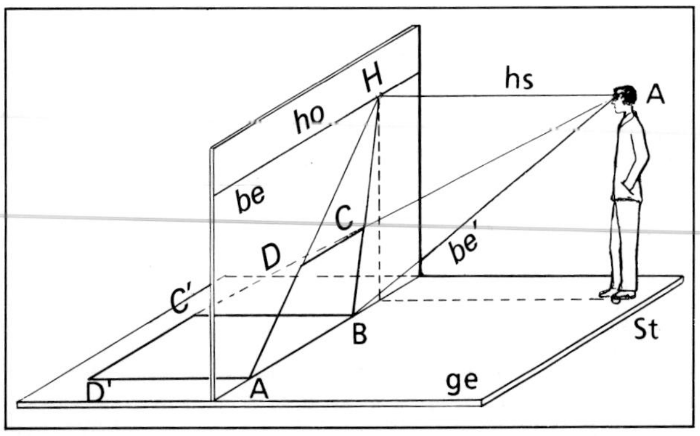

Abb. 14.2
Perspektivmodell zur räumlichen Veranschaulichung der Konstruktion des Schachbretts

Aufgabe:

– Überlege und erläutere, wie dieses Perspektivbild konstruiert wurde. Zeichne selbst diese Konstruktion mit etwas veränderter Lage des Grundrisses. Achte darauf, daß der Blickwinkel des Betrachters nicht größer ist als höchstens 60°.

Die Zentralperspektive eignet sich am besten zur Darstellung von Innenräumen. Als dritten Schritt konstruieren wir einen Innenraum aus gegebenem Grundriß (vgl. Abb. 15).

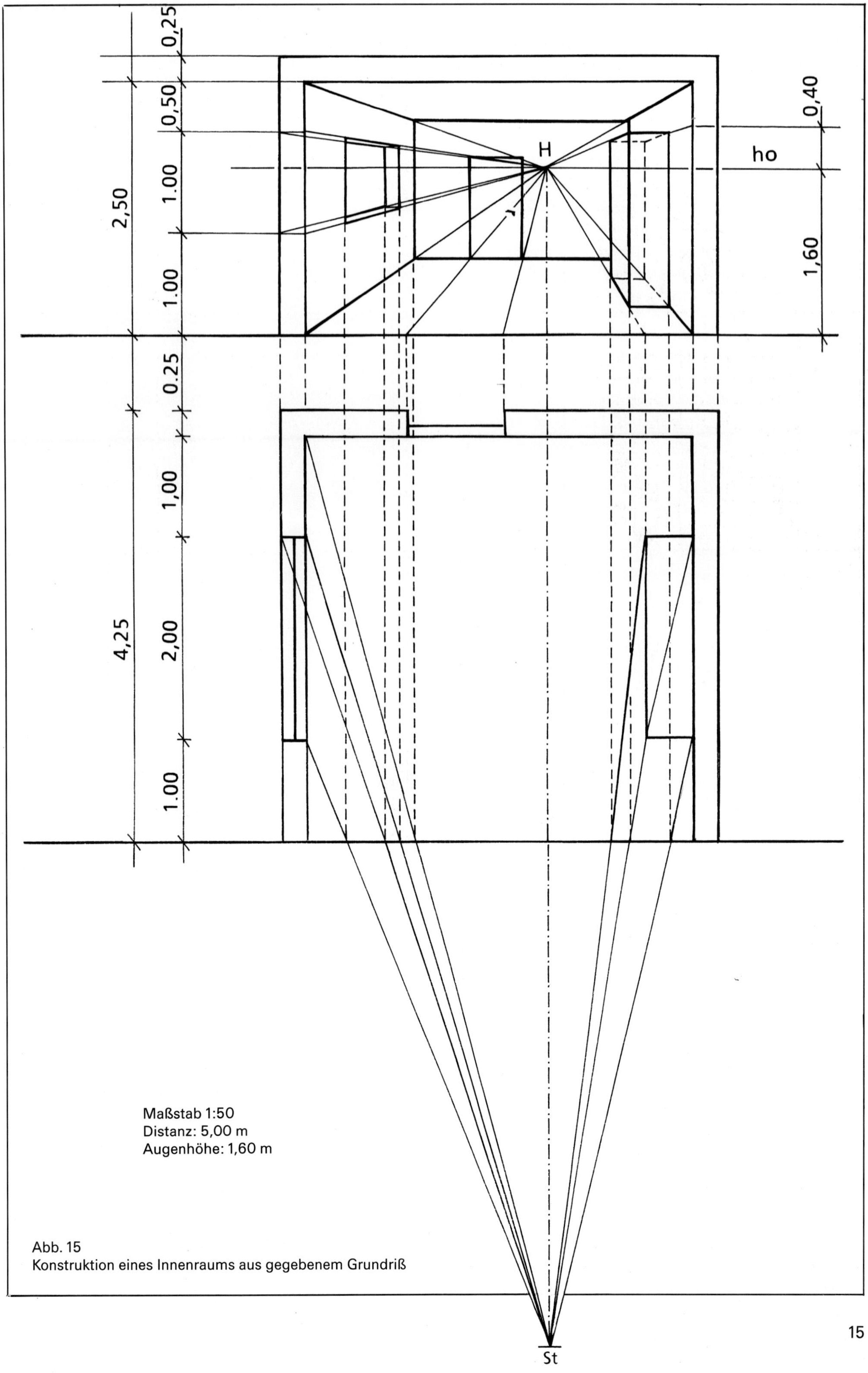

Abb. 15
Konstruktion eines Innenraums aus gegebenem Grundriß

Aufgaben:
– Überlege, wie die Konstruktion in Abb. 15 durchgeführt wurde. Warum ist es sinnvoll, den Grundriß direkt an die Bildebene zu rücken?
– Zeichne im Maßstab 1 : 50 den Grundriß deines Zimmers mit seinen wichtigsten Einrichtungsgegenständen. Die Möbel sollten allerdings alle mit einer Kante parallel zur Bildebene stehen.

Abb. 16.1 und 2 zeigen zentralperspektivische Zeichnungen eines Renaissance-Bühnenbildes des italienischen Architekten und Malers Bramante (1444–1514) und einer Stadtlandschaft des amerikanischen Architekten J. S. Rossant.

Aufgaben:
– Lege über die Abb. 16.2 ein Transparentpapier, und rekonstruiete mit Hilfe der einzuzeichnenden Fluchtlinien den Hauptpunkt der Konstruktion.
– Entwirf (ohne genauen Maßstab) das zentralperspektivische Bild eines großen Ausstellungsraumes eines Kunstmuseums mit schachbrettartigem Fliesenfußboden, verschieden großen Bildern an den Wänden und einigen Plastiken auf Sockeln. Schneide aus Illustrierten verschieden große Figuren (Galeriebesucher) aus und klebe sie unter Berücksichtigung der räumlichen Mittel des Höhen- und Größenunterschiedes und der Überdeckung perspektivisch richtig ins Bild. Gestalte dein Bild farbig (Format DIN A 3).
– Zeichne das zentralperspektivische Bild eines Straßenzuges mit Häusern, Vorgärten, Gehwegen, Menschen, Autos usw. auf ein Zeichenpapier des Formats DIN A 3.
– Entwirf mit Hilfe der Zentralperspektive eine utopische Stadt aus dem Jahr 2050 mit Fußgängerpassagen, Geschäften, Wohnungen, Verkehrswegen usw. (Format DIN A 3).

Abb. 16.1
Bramante: Bühnendekoration, um 1490

Abb. 16.2
James S. Rossant: Battery Park City, New York, Bleistift auf Zeichenfolie, 1964

b) Die Übereckperspektive (Zentralperspektive mit zwei oder mehr Fluchtpunkten)

Bei dieser Perspektivart wird der rechtwinklige Körper so auf die Grundebene gestellt, daß er mit einer Kante übereck zum Betrachter steht. Alle Flächen erscheinen im perspektivischen Bild verzerrt; der Körper hat nun zwei Scharen paralleler Linien (Kanten), die zu jeweils einem Fluchtpunkt konvergieren. Der Hauptpunkt verliert seine Funktion als Fluchtpunkt, er bezeichnet nur noch den Mittelpunkt des Blickkreises.
Mehr als zwei Fluchtpunkte benötigt man, wenn es sich um die Darstellung von schiefwinkligen Körpern oder aber von rechtwinkligen Körpern handelt, die nicht im rechten Winkel zueinander stehen. Unter diesen Bedingungen kann eine Vielzahl von Fluchtpunkten notwendig werden.

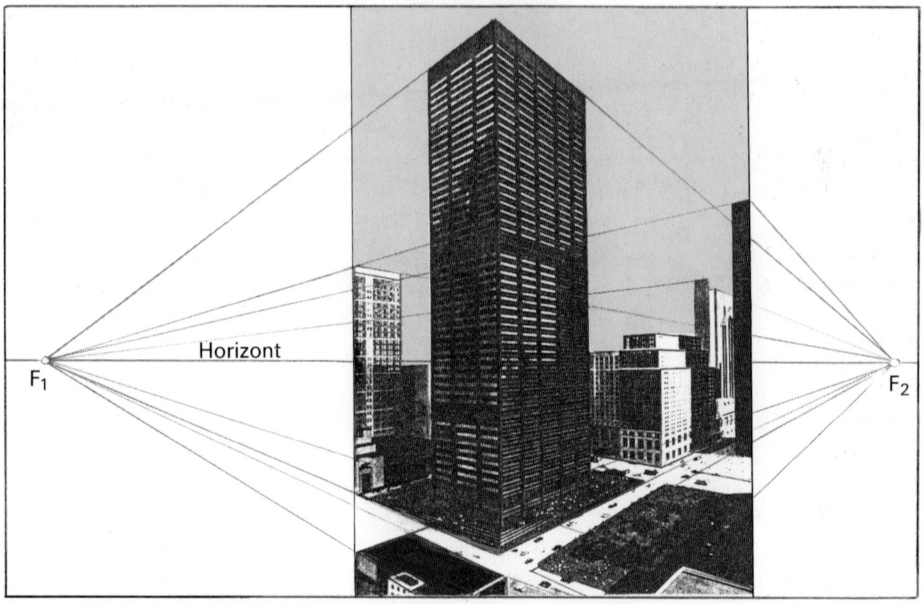

Abb. 17.1
Architekturzeichnung in Übereckperspektive (George C. Rudolph: U. S. Steel Building, New York, 1966) mit Rekonstruktion der Fluchtpunkte

Aufgabe:
– Zeichne als Vorübung freihändig (ohne Lineal) eine Gebäudegruppe in Übereckperspektive mit zwei Fluchtpunkten vor Ort (im Freien) oder aus der Vorstellung.

Will man das perspektivische Bild eines Körpers aus gegebenem Grundriß konstruieren, so erscheint es ratsam, den Körper mit seiner senkrechten Vorderkante direkt an die Bildebene zu stellen. Diese Vorderkante, die man dann „Meßvertikale" (m) nennt, erscheint im Bild in wahrer Größe. Dies vereinfacht die Konstruktion.
Die Position der Fluchtpunkte auf dem Horizont ergibt sich aus der Lage des Grundrisses des Körpers, indem man zu dessen Vorderkanten vom Betrachterstandpunkt aus je eine Parallele zieht. Die Schnittpunkte dieser Parallelen mit der Grundspur der Bildebene (be') ergeben die Position der Fluchtpunkte F_1' und F_2'. Die durch diese Fluchtpunkte gezogenen senkrechten Geraden schneiden den Horizont in F_1 und F_2, den Fluchtpunkten auf der gegenüber der Grundrißebene um 90° hochgeklappt zu denkenden Bildebene (vgl. Abb. 17.2).
Die Lage des übereck gestellten Körpers ist frei zu wählen, es sollte aber darauf geachtet werden, daß beide Fluchtpunkte noch auf dem Zeichenblatt liegen. Dies ist dann möglich, wenn die Distanz nicht zu groß gewählt und damit ein relativ weites Blickfeld, das dem eines Weitwinkelobjektives entspricht, in Kauf genommen wird.
Nur mit Hilfe dieser Darstellungsmethode, einer Perspektivkonstruktion aus gegebenem Grundriß, läßt sich die Tiefe des perspektivischen Bildes eines Körpers genau bestimmen. Bei Freihandzeichnungen vor Ort muß man sich auf sein Augenmaß verlassen.

Aufgaben:
– Überlege genau, in welcher Reihenfolge die Konstruktion in Abb. 17.2 entwickelt wurde.
– Zeichne nun selbst mit Lineal und Geodreieck das perspektivische Bild eines Quaders aus dessen Grundriß (Format DIN A 4).

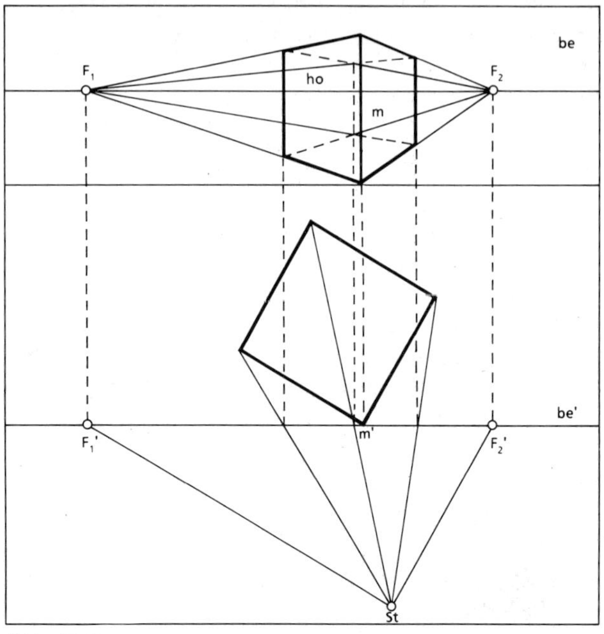

Abb. 17.2
Konstruktion eines Würfels in Übereckperspektive aus seinem Grundriß

Als nächsten Schritt konstruieren wir das perspektivische Bild unseres Hausmodells aus seinem Grundriß im Maßstab 1:1. Wir legen den Grundriß wieder direkt hinter die Grundspur der Bildebene (be'), so daß der vordere Eckpunkt des Grundrisses auf der Grundspur liegt. Mit Hilfe des Aufrisses läßt sich die wahre Höhe des Satteldaches im perspektivischen Bild bestimmen. Der Fluchtpunkt für die beiden sichtbaren Dachschrägen (die nicht parallel sind!) liegt auf der Geraden, die durch F_1' F_1 geht.

Aufgaben:

– Zeichne dein Hausmodell in Übereckperspektive. Veranschauliche dir anhand des Modells die räumliche Lage des Hauses (Grundriß, Aufriß, perspektivisches Bild). Eine gewisse Schwierigkeit besteht in der perspektivischen Konstruktion des Satteldaches. Überlege dir am Beispiel der Abb. 18 genau, wie das Bild des Daches gezeichnet wurde.

– Skizziere freihändig ein stark tiefenräumliches Bild in Übereckperspektive als Vorlage für ein großes Wandbild. Versuche, zusammen mit Klassenkameraden z. B. im Schüleraufenthaltsraum, in der Schülerbibliothek oder auf einer Wand des Pausenhofs ein Wandbild mit Dispersionsfarben zu malen. Vergiß aber nicht, die Schulleitung vorher um Erlaubnis zu bitten!

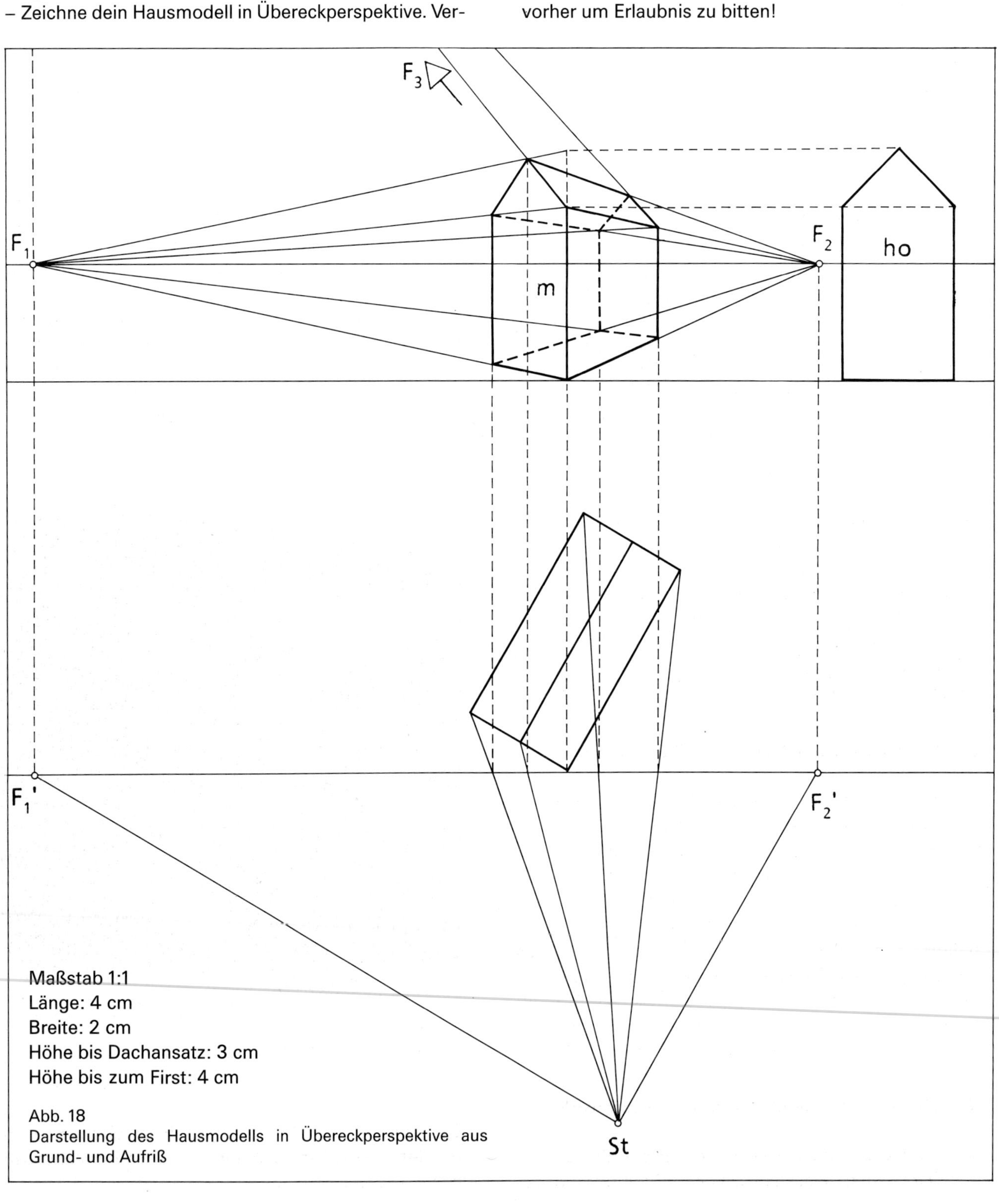

Abb. 18
Darstellung des Hausmodells in Übereckperspektive aus Grund- und Aufriß

2 Das Spiel mit der Perspektive

In den Abschnitten des vorausgehenden Kapitels haben wir die wichtigsten Mittel und Methoden der Darstellung von Körper und Raum auf der Fläche kennengelernt. Mit ihrer Hilfe können wir dreidimensionale Gegenstände und Räume auf einer zweidimensionalen Bildfläche vortäuschen. Gegenständlich-räumliches Zeichnen ist immer Täuschung, Vortäuschung einer dritten Dimension auf der Fläche.
Den Konflikt zwischen dreidimensionaler Anschauung und zweidimensionaler Zeichenfläche hat der holländische Grafiker Maurits Cornelis Escher (1898–1972) in seiner Lithographie „Zeichnen" (1948) eindrucksvoll dargestellt.

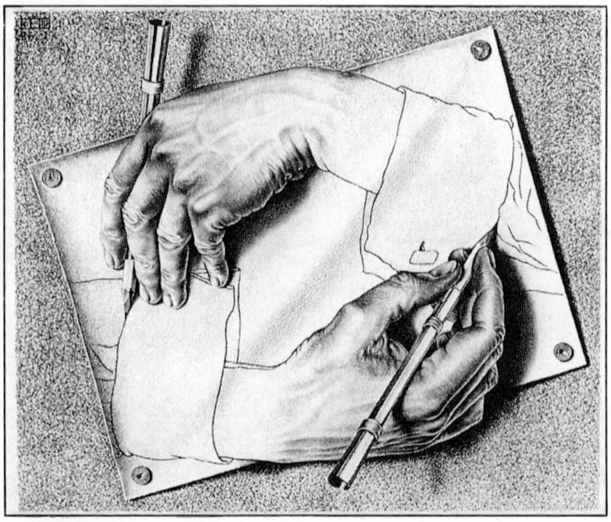

Abb. 19.1
M. C. Escher: Zeichnen, 1948

„Wenn eine Hand eine Hand zeichnet und wenn diese zweite Hand zugleich eifrig damit beschäftigt ist, die erste Hand zu zeichnen, und wenn all dies auf einem Stück Papier dargestellt ist, das mit Reißnägeln auf einem Zeichenbrett befestigt ist, [. . .] und wenn das Ganze dann obendrein wieder gezeichnet ist, dürfen wir wohl von einer Art Supertäuschung sprechen."
[Ernst, 1986, S. 26]

2.1 Die Augentäuschung (das Trompe-l'œil)

Es gab Maler, die die sichtbare Welt auf ihren Bildern so illusionistisch darstellen konnten, daß die Betrachter Schwierigkeiten haben, Realität und Schein auseinanderzuhalten. Diese Art von Malerei nennt man *„Trompe-l'œil"* (Augentäuschung). Wir finden solche Beispiele vor allem in Stilleben und Deckenmalereien des Barock. Die tiefenräumliche Illusion des Deckenfreskos von Andrea Pozzo (vgl. Abb. 40) stellt ein so effektvolles Trompe-l'œil dar, daß ein direkt unter dem perspektivischen Zentrum des Gewölbes stehender Betrachter die wirkliche von der gemalten Architektur kaum mehr unterscheiden kann.

2.2 Die verzerrte Abbildung (die Anamorphose)

Anamorphosen (griechisch = verzerrte Abbildungen) sind Darstellungen, bei denen eine höchstmögliche perspektivische Verzerrung angestrebt wurde. Wenn der Betrachter einen sinnvollen Eindruck einer solchen Darstellung erhalten will, muß er einen ganz bestimmten, extrem von der Mitte des normalen Blickwinkels abweichenden Betrachterstandpunkt zum Bild einnehmen. Der Sinn solcher Darstellungen ist wohl, neben einem Interesse am reizvollen Spiel mit der Perspektive, in einem Hinterfragen der Wirklichkeit und Wahrheit unserer sinnlichen (optischen) Wahrnehmung zu suchen.
Hans Holbein d. J. (1497–1543) hat in seinem berühmten Bild „Die Gesandten" (1533) unten, zwischen die beiden männlichen Personen, Jean de Dinteville (links), französischer Gesandter am englischen Hof, und Georges de Selve, Bischof von Lavaur, einen rätselhaften, länglichen Gegenstand, eine Anamorphose, gemalt.
Dieses Bild war möglicherweise für die Wand eines Treppenhauses bestimmt, wo es, von unten links (oder schräg von rechts oben) betrachtet, sein Geheimnis preisgibt. Nur von diesem extremen Blickwinkel aus ist der längliche Gegenstand als Totenschädel zu erkennen. Es handelt sich dabei um eine symbolische Darstellung, ein sog. „memento mori" (lateinisch = gedenke des Todes), durch das die prächtige Darstellung der beiden auf dem Höhepunkt ihres persönlichen und gesellschaftlichen Lebens stehenden Männer verunsichert wird. Vom Standpunkt der beiden Gesandten und ihres Betrachters aus ist das Zeichen des Todes nicht zu erkennen; betrachtet man aber das Bild aus einem ganz anderen Blickpunkt, so kann man auf dem Bild nur noch den Totenschädel erkennen.

Abb. 19.2
Hans Holbein d. J.: Die Gesandten, 1533

Ganz andere Augentäuschungen stellen sich ein, wenn die Gesetze der Perspektive in bildhaften Darstellungen nicht beachtet werden.

2.3 Die „falsche" Perspektive

Für das Titelblatt eines Lehrbuches über Perspektive schuf der englische Maler, Zeichner und Karikaturist William Hogarth (1697–1764) eine Zeichnung mit dem Titel „Falsche Perspektive" (1754). In diesem Bild stellt Hogarth alle Mittel der Raumdarstellung auf den Kopf. Der Künstler hat seiner Zeichnung folgenden Kommentar beigegeben:
„Who ever makes a Design without knowledge of Perspective will be liable to such Absurdities as are shown in this Frontipiece" (Wer auch immer eine Zeichnung ohne Kenntnis der Perspektive anfertigt, wird solchen Absurditäten ausgesetzt sein, wie sie dieses Titelbild zeigt).

Aufgabe:
– Erläutere im einzelnen, was Hogarth bei der Darstellung von Figuren und Körpern im Raum in seiner Zeichnung bewußt falsch gemacht hat, und erkläre, wie er die betreffenden Stellen im Bild hätte richtig zeichnen müssen.

Abb. 20 William Hogarth: Falsche Perspektive, 1754

2.4 Unmögliche Figuren

Hierbei handelt es sich um Darstellungen perfekt gezeichneter dreidimensionaler Gegenstände im Raum, die nur einen Fehler haben, daß es sie in Wirklichkeit so gar nicht geben kann. Sonderbarerweise kann man sich solche unmöglichen Figuren ganz gut vorstellen, obwohl es völlig unmöglich wäre, sie plastisch mit irgendeinem Material nachzubilden. Die unmöglichen Figuren „eröffnen eine neue Welt und offenbaren damit etwas von dem unglaublich komplizierten Geschehen, das wir Sehen nennen“. [Ernst, 1985, S. 8]

Eine der bekanntesten unmöglichen Figuren ist das „unmögliche Dreieck“. Es ist so gezeichnet, daß es aussieht wie ein Gegenstand, den man anfassen kann, obwohl es solch ein Dreieck, das aus drei Winkeln von je 90° (!) besteht, nicht gibt. Betrachten wir nur Einzelteile dieses Dreiecks, dann ergeben sie durchaus einen Sinn; das Gesamtbild aber ist Unsinn.

Das nachfolgend abgebildete Schnittmuster ermöglicht dir, auf einfachste Weise selbst ein Papiermodell eines „unmöglichen Dreiecks“ herzustellen.

Abb. 21.1
Das „unmögliche Dreieck“ ganz

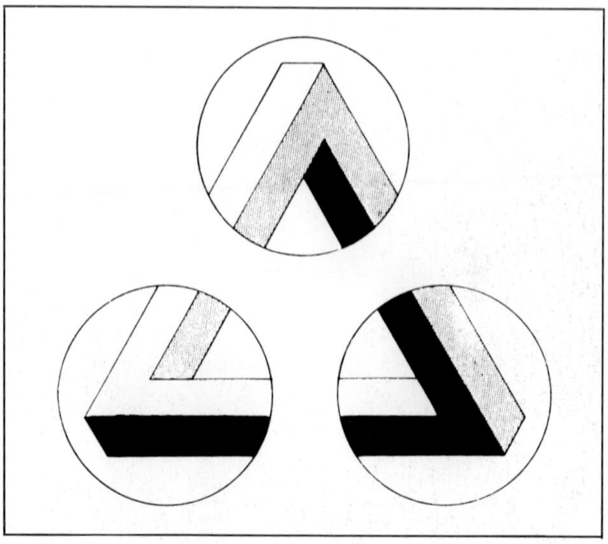

Abb. 21.2
... und in Einzelteile zerlegt

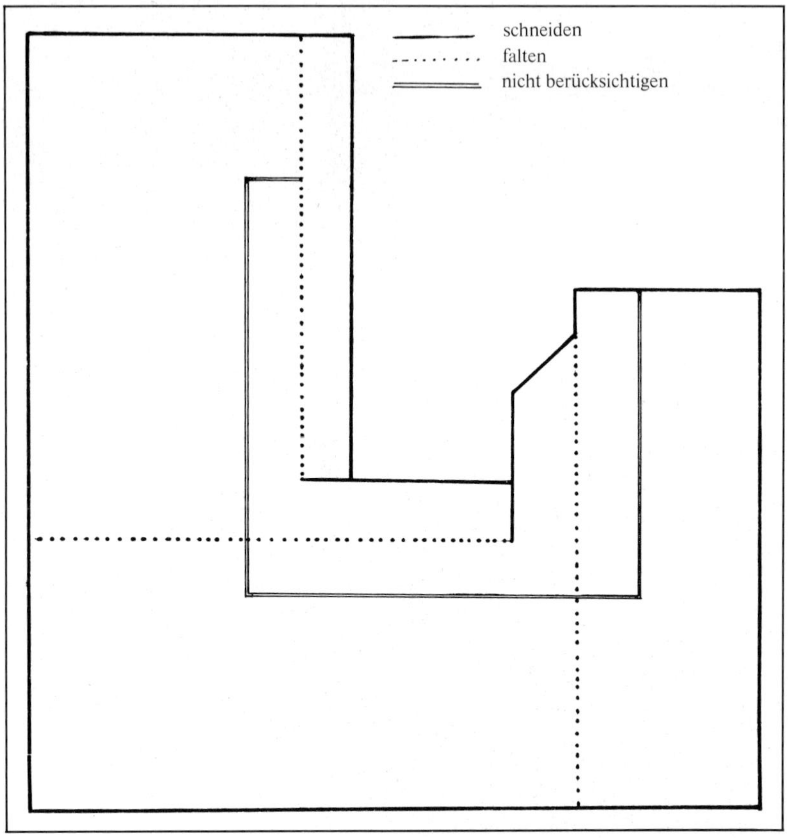

Abb. 21.3
Schnittmuster für ein „unmögliches Dreieck“

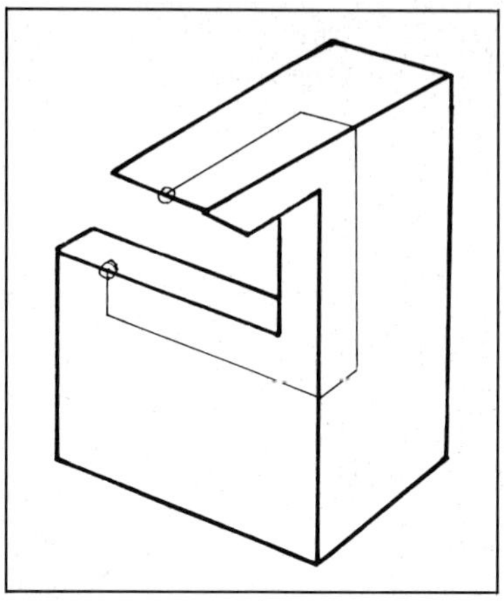

Abb. 21.4
Modell des ausgeschnittenen und gefalteten „unmöglichen Dreiecks“

Aufgaben:

– Zeichne ein maßstäblich vergrößertes Bild des Schnittmusters auf ein Papier oder einen nicht zu dicken Karton. Schneide es aus, und falte es an den bezeichneten Stellen, jeweils um 90° nach unten. Stelle das „Dreieck" so auf, daß die aufgezeichnete schwarze Linie sich optisch schließt. Der Eindruck eines „unmöglichen Dreiecks" stellt sich am besten bei einäugigem Sehen ein.

– Versuche, selbst ein „unmögliches Dreieck" zu zeichnen und weitere „unmögliche Figuren" zu erfinden.

Der Grafiker M. C. Escher ist vor allem durch Zeichnungen, die er „unmögliche Welten" nennt, bekannt geworden. In seiner Lithografie „Wasserfall" wird das Wasserrad einer Mühle durch einen Wasserkreislauf angetrieben, dessen Verlauf in einer Ebene trotzdem ein Gefälle hat. Als „Perpetuum mobile" (lateinisch = das von selbst ständig Bewegte, z. B. eine Maschine, die ohne Energieverbrauch Arbeit leistet) wäre diese Mühle eine ideale Lösung der Energiekrise.

Der zeichnerischen Konstruktion des „Wasserfalls" liegt das „unmögliche Dreieck" zugrunde. Findest du heraus, wie oft?

In Eschers Lithografie „Treppauf und treppab" sehen wir ein Gebäude mit Innenhof, um den eine Treppe herumführt. Mönche steigen Schritt für Schritt diese Treppe hinauf und hinab und begegnen sich doch immer wieder an derselben Stelle.

Dieser Zeichnung liegt als Konstruktionsmodell eine „unmögliche Treppe", eine Idee des Amerikaners L. S. Penrose, zugrunde.

Daß man auch mit ganz einfachen Tricks eine „unmögliche Treppe" zeichnen kann, zeigt die Karikatur in Abb. 23.3.

Aufgabe:

– Erfinde und zeichne in Militärperspektive einen „unmöglichen Baukörper".

Abb. 22
M. C. Escher:
Wasserfall, 1961

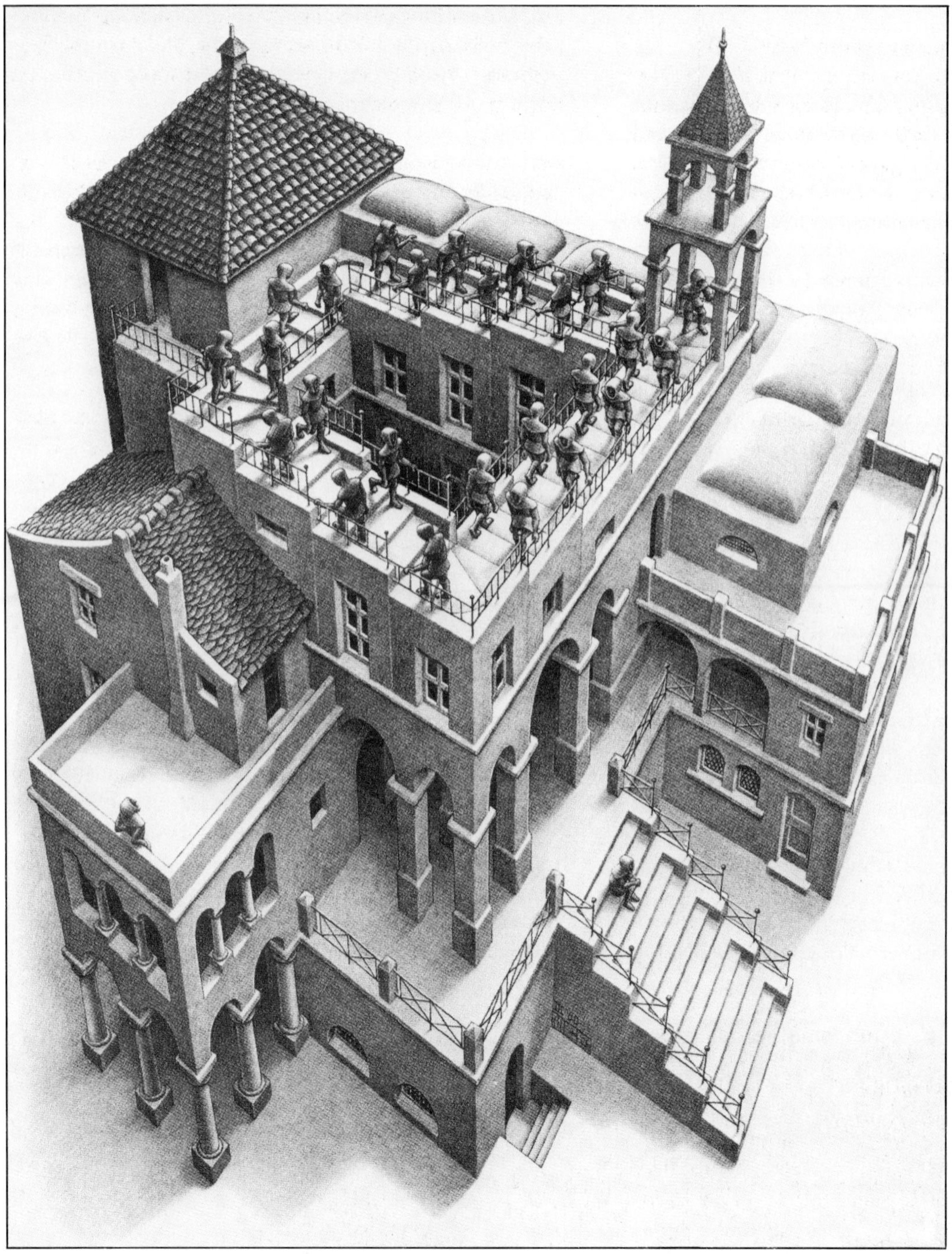

Abb. 23.1
M. C. Escher: Treppauf und treppab, 1960

Abb. 23.2 Modell einer „unmöglichen Treppe“

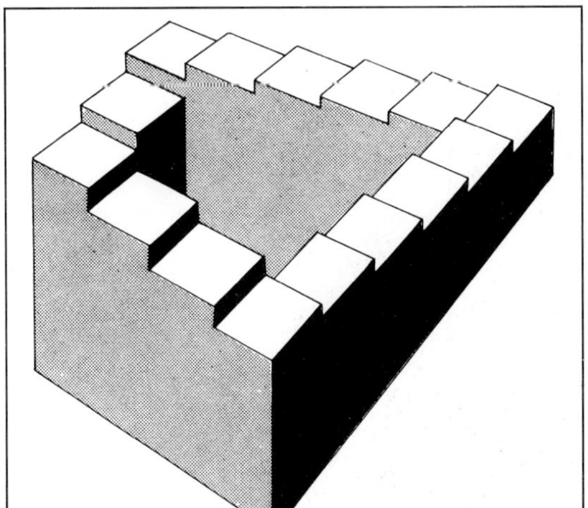

Abb. 23.3 Begegnung auf einer Treppe

3 Grundbedingungen visueller Raumwahrnehmung

3.1 Der Sehvorgang

Bilder in unserem Kopf

„Was passiert in unserem Gehirn, wenn wir sehen? Die meisten Leute betrachten das Sehen als etwas so Selbstverständliches, daß nur wenige sich mit dieser Frage jemals ernsthaft beschäftigt haben. Ein normaler Mensch, der kein Fachmann auf diesem Gebiet ist, wird, wenn man ihn auffordert, ein wenig zu spekulieren, gewöhnlich sagen, daß es so etwas wie eine ‚innere Leinwand' in unserem Gehirn geben muß, vielleicht eine Art Kinoleinwand, nur daß sie aus Gehirngewebe besteht. Die Augen übermitteln ein Bild der Außenwelt auf diese Leinwand, und das ist dann das Bild, das wir bewußt wahrnehmen.

Das Auge funktioniert wie eine Kamera. Beide, Kamera und Auge, haben eine Linse, aber während die Kamera einen lichtempfindlichen Film hat, hat das Auge eine lichtempfindliche *Netzhaut,* ein Netzwerk winziger Empfängereinheiten (Rezeptoren), die die Rückseite des Augapfels bilden. Die Aufgabe der Linse ist es, ein Bild aus der Außenwelt auf der Netzhaut zu fokussieren[1], das Netzhautbild, welches die Netzhaut dann dazu anregt, dieses Bild mit Hilfe der *Sehnerven* zum *Gehirn* zu senden. Das Gehirn setzt sich aus Millionen winziger Einheiten, Zellen genannt, zusammen. Bestimmte Zellen sind auf das Sehen spezialisiert und flächig angeordnet: die ‚innere Leinwand'. Jede Zelle dieser Leinwand kann zu jedem gegebenen Moment entweder aktiv oder inaktiv sein. Wenn eine Zelle sehr aktiv ist, signalisiert sie einen hellen Fleck an einem bestimmten Punkt dieser Leinwand – und damit den entsprechenden Punkt in der Außenwelt. Wenn hingegen die Zelle nur mäßig aktiv ist, signalisiert sie einen grauen Zwischenton. Völlig inaktive Zellen signalisieren schwarze Punkte [vgl. Abb. 24].

Bei einigem Nachdenken kommen wir darauf, daß in unseren Köpfen Symbole existieren müssen für die Dinge, die wir sehen; Symbole, die den Dingen, die sie darstellen, selbst nicht entsprechen.

Ein *Symbol* ist etwas, das nicht für sich selbst steht. Worte sind Symbole. Zum Beispiel steht das Wort ‚Stuhl' für eine bestimmte Sitzhilfe – das Wort ist nicht die Sitzhilfe selbst. Der Chirurg, der bei einer Operation das Gehirn eines Patienten freilegt, wird dort nicht eine Miniaturbühnenausstattung der Welt vorfinden! Alles, was er vorfindet, ist eine rosa gallertartige Masse von Gehirnzellen. So ist die unweigerliche Schlußfolgerung, daß es eine symbolische Darstellung der Außenwelt im Gehirn geben muß, eine Darstellung, die die verschiedenen Aspekte der Welt, welche wir mit den Augen wahrnehmen, in Symbole faßt. In der Tat, als wir zu fragen begannen: ‚Was passiert in unserem Gehirn, wenn wir sehen!', hätten wir ebensogut fragen können: ‚Wenn wir sehen – welche Symbole stehen da in unseren Köpfen für die Objekte der Außenwelt?' Dies scheint nur eine müßige Umformulierung der ersten Frage zu sein, aber wir sollten im Gedächtnis behalten, daß weder Objekte noch Attribute[2] von Objekten (so wie Helligkeit) als solche innerhalb unseres Gehirns existieren. Wir finden nichts als Gehirnzellen, und diese Gehirnzellen müssen die Funktion der symbolischen Darstellung übernehmen.

Die Vorstellung von visueller Erfahrung als symbolischem Vorgang mag seltsam erscheinen. Der wahrscheinliche Grund dafür ist, daß die Welt, die wir sehen – die sichtbare Welt –, so deutlich ‚da draußen' ist, daß es wohl schockierend ist, erkennen zu müssen, diese ganze Welt liegt in unserem Schädel versteckt als innere Abbildung, welche für die wirkliche Außenwelt steht. Es ist schwierig und fast unnatürlich, die ‚Wahrnehmung einer Szene' von der ‚Szene selbst' zu trennen, aber diese beiden Vorgänge müs-

Abb. 24 Aufrasterung eines Bildes

sen klar unterschieden werden, wenn das Sehen insgesamt verstanden werden soll. Ist der Unterschied zwischen Wahrnehmung und wahrgenommenem (realem) Objekt einmal voll erfaßt, ist die Schlußfolgerung auch leichter nachzuvollziehen, daß Sehen ein symbolischer Prozeß ist, der irgendwo in unserem Köpfen angesiedelt ist."
[Frisby, 1983, S. 9]

[1] fokussieren: hier soviel wie „abbilden"
[2] Eigenschaften

Aufgaben:
- Fasse den Text mit eigenen Worten kurz zusammen.
- Inwieweit kann man das Auge mit einer Kamera vergleichen, und worin unterscheiden sie sich grundlegend?
- Warum ist es schwierig, die „Wahrnehmung einer Szene" von der „Szene selbst" zu unterscheiden?

Betrachtet man Abb. 24 ganz aus der Nähe, so sieht man nur viele verschieden große Rasterpunkte. Wir können uns das auf die Netzhaut projizierte Bild ähnlich – allerdings stark verkleinert und umgekehrt – vorstellen. Über hundert Millionen Sehzellen der Netzhaut zerlegen das Bild eines Objektes der Außenwelt, vergleichbar dem Rasterverfahren beim Bilddruck, in ein Raster von verschieden großen und verschieden hellen Punkten. Die Sehzellen wandeln diese Lichtreize in bioelektrische Impulse um und leiten sie über die Nervenbahn zum Gehirn. Milliarden von Zellen sind hier an der Deutung dieser Impulse beteiligt.
Betrachtet man Abb. 24 aus einigen Metern Entfernung, so ergibt sich aus der Zusammenstellung vieler verschieden großer und heller Punkte ein sinnvolles Bild. Wir könnten versuchen, uns vorzustellen, natürlich ohne jeden Anspruch auf wissenschaftliche Richtigkeit, daß auf irgendeine Weise schon in der Netzhaut und dann im Gehirn, wie beim Betrachten des Bildes aus einiger Entfernung, viele Einzelelemente (Rasterpunkte) wieder ein Sinnganzes ergeben.

3.2 Der Bau des Sehorgans

Um die Gesetzmäßigkeiten der visuellen Raumwahrnehmung besser zu verstehen, ist es wichtig, den Aufbau des Sehorgans und die Funktion seiner Teile zu kennen.

Der Aufbau des menschlichen Auges ist von bewundernswerter Art und Perfektion. Seine äußere Form ist nahezu kugelförmig, der Name „Augapfel" veranschaulicht dies plastisch. Das Auge ist in der knöchernen Augenhöhle frei gelagert. Durch drei Muskelpaare kann es wie ein Kugelgelenk in alle Richtungen bewegt werden. Die harte Augenhaut schützt das Auge und hält es zusammen.
Ihren vorderen, vorgewölbten und durchsichtigen Teil nennt man *Hornhaut.* Sie ist durch die Bindehaut geschützt und, ihrer Funktion entsprechend, ohne Blutgefäße. Die Hornhaut verfügt über eine hohe Brechkraft des ins Auge eindringenden Lichtes. Hinter der Hornhaut liegt die mit *Kammerwasser* gefüllte vordere Augenkammer. Das Kammerwasser, das sich etwa alle vier Stunden erneuert, ernährt die Hornhaut. Hinter der Augenkammer liegt die *Regenbogenhaut,* deren Pigmentierung, je nach Erbanlage, von Blau bis nahezu Braunschwarz ausfallen kann.

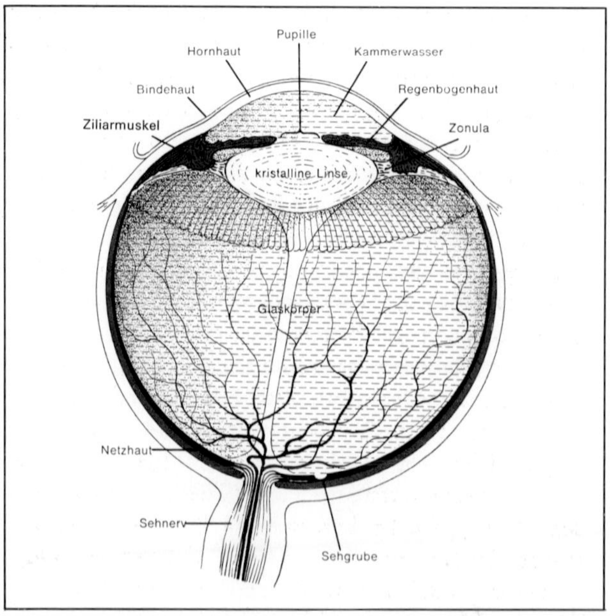

Abb. 25
Querschnitt durch das rechte Auge des Menschen

Die runde Öffnung der Regenbogenhaut, die *Pupille,* kann mit Hilfe des *Ziliarmuskels,* je nach Intensität des einfallenden Lichtes, in ihrem Durchmesser vergrößert oder verkleinert werden. Die Weite der Pupillenöffnung schwankt zwischen 8 mm bei Dunkelheit und 2 mm bei großer Helligkeit. Auf diese Weise wird außer der Lichtmenge auch die Tiefenschärfe reguliert: weite Pupille bei Sehen in die Ferne, enge Pupille bei Nahsehen.
Die Pupille erfüllt also wie bei einer Kamera die Funktion einer Blende. Unmittelbar hinter der Pupille befindet sich die bikonvexe (doppelt gekrümmte), *kristalline Linse,* die an einer Membran, der *Zonula,* aufgespannt ist und die Eigenschaft besitzt, sich elastisch zusammenziehen und entspannen zu können. Die Veränderung ihrer Form ermöglicht ein scharfes Sehen sowohl im Nah- wie im Fernbereich. Diese Veränderung des Krümmungsradius der Linse nennt man Akkommodation. Im Unterschied zum Kameraobjektiv verändert die Linse des Auges aber nicht ihre Position, sondern ihre Form. Ab einer Entfernung von etwa fünf Metern kann bei intakter Linse ohne Akkommodation scharf gesehen werden. Zwischen Linse und Augenrückwand liegt der *Glaskörper,* eine klare, gallertartige Masse, die zur Aufrechterhaltung und Stabilität der Augenform dient.
Hat der Lichtstrahl die Hornhaut, Linse und den Glaskörper passiert, wird er, nach den Gesetzen der Dioptrik (Lichtbrechung) auf der Innenseite des Augapfels, der mit lichtempfindlichen Sehzellen ausgestatteten *Netzhaut,* projiziert. Diese miteinander verbundenen Nervenzellen verwandeln das kleine, seitenverkehrte und umgekehrte Bild eines Gegenstandes der Außenwelt in bioelektrische Impulse. Sogenannte „Stäbchen" (etwa 123 Millionen) und „Zapfen" (etwa 7 Millionen) dienen dem Hell-Dunkel- bzw. dem Farbsehen. Die Zapfen sind nicht gleichmäßig über die ganze Netzhaut verteilt, sondern

konzentrieren sich zur Augenmitte hin, zu der *Sehgrube* (gelber Fleck), der Stelle des schärfsten Sehens. Die Fähigkeit, Farben zu sehen, nimmt also vom Sehzentrum nach außen hin kontinuierlich ab. Im Randbereich des Sehfeldes sind daher nur noch Hell-Dunkel-Unterscheidungen möglich.

Die Nervenfasern führen zur Papille, zur „blinden" Austrittsstelle des *Sehnervs* aus dem Auge. Der Sehnerv leitet die bioelektrischen Impulse zum Sehzentrum des Gehirns. Hier werden sie auf noch ungeklärte Weise in Wahrnehmungseindrücke, Sehempfindungen und Gefühle umgewandelt.

Da die physikalische Welt weder Licht noch Farben kennt, sondern lediglich Energien verschiedener Wellenlänge, ist der lichterfüllte und farbenreiche Außenraum, den wir sehen, lediglich eine Empfindung unseres Gehirns!

„Wir haben also nicht unmittelbar Verbindung zu den Dingen selbst oder zu dem Stoff, aus dem die Welt gebaut ist. Die einzige Verbindung stellen Reize her, die auf uns in ungeheurer Vielzahl eindringen. Diese Reize deuten wir unter Einschaltung verwickelter Vorgänge in Objekte und Ereignisse um. [...] Physikalische Reize werden zu Bewußtseinserlebnissen." [Oerter, 1974, S. 11 f.]

3.3 Das räumliche Tiefensehen

Das wichtigste Sinnesorgan für die Körper- und Raumwahrnehmung ist das Auge. Wir können aber auch durch Hören, Tasten und Bewegungen unseres Körpers Raum wahrnehmen. Hierdurch werden optische Sinneseindrücke entweder bestätigt oder auch negiert. Alle Sinneseindrücke bilden zusammen eine Wahrnehmungseinheit, die uns Raumerfahrung ermöglicht.

Das zweiäugige Tiefensehen

Der menschliche Körper ist bilateral (zweiseitig) und symmetrisch angelegt. Wir sehen mit zwei Augen, hören mit zwei Ohren und tasten mit zwei Händen; sie nehmen Informationen auf, vergleichen sie und ermöglichen so einen ganzheitlichen Eindruck.

Der Abstand zwischen unseren Augen beträgt ungefähr sieben Zentimeter.

„Sie erhalten daher etwas verschiedene Bilder. Das kann sehr deutlich beobachtet werden, wenn man abwechselnd zuerst das eine und dann das andere Auge schließt. Jedes nahe Objekt scheint sich im Vergleich zu entfernteren Objekten seitwärts zu verschieben und zu verdrehen. [...] Dieser geringe Unterschied zwischen den Bildern wird Disparation genannt. Sie führt zur Raumwahrnehmung durch stereoskopisches [dreidimensionales] Sehen. [...] Das Stereosehen ist nur eine von vielen Möglichkeiten, mit denen wir räumlich wahrnehmen können, und es ist nur bei verhältnismäßig nahen Objekten auszunutzen. Bei entfernteren Gegenständen verringert sich der Bildunterschied, so daß sie [die Bilder] praktisch identisch werden. Für Entfernungen von mehr als etwa sechs Meter sind wir effektiv einäugig."
[Gregory, 1966, S. 50 f.]

Eine Voraussetzung für räumliches Sehen im Nahbereich ist also die Tatsache, daß sich unsere Augen beim Betrachten eines nahe liegenden Objektes nach innen drehen oder, wie man in der Fachsprache sagt, konvergieren, so daß das Bild des Gegenstandes genau auf die Stelle der Netzhaut (die Sehgrube, vgl. Abb. 25) trifft, mit der wir am deutlichsten sehen können. Die Blickrichtungen beider Augen schneiden sich dann in dem betrachteten Punkt, und beim Fixieren sehr nah gelegener Gegenstände können die Augachsen so beträchtlich voneinander abweichen (konvergieren), daß der Eindruck des Schielens entsteht. Aus der Größe des Konvergenzwinkels, den die Augen hierbei einnehmen, schließt das Gehirn auf eine ganz bestimmte Entfernung des Objektes zum Auge. Der Konvergenzwinkel der Augen ist also so etwas wie ein Entfernungsmesser für das Gehirn.

Das einäugige Tiefensehen

Daß das binokulare (zweiäugige) Sehen zwar wichtig, aber nicht ausschließlich verantwortlich ist für räumliches Sehen, soll ein kleiner Versuch bestätigen.

Aufgabe:

– Schließe ein Auge, und gehe durch einen dir möglichst noch unbekannten Raum. Überprüfe, ob deine räumliche Wahrnehmung noch ebenso gut funktioniert wie durch zweiäugiges Sehen.

Vielleicht warst du beim Gehen zunächst etwas unsicher und hast auch das eine oder andere Mal versucht, den Tastsinn mit einzuschalten, du bist aber nirgends angestoßen! Dies beweist, daß das einäugige Tiefensehen eine weit größere Bedeutung hat, als man gemeinhin anzunehmen pflegt. Man kann mit einem Auge Auto fahren und sogar Flugzeuge steuern. Trotzdem bleibt natürlich das zweiäugige dem einäugigen Sehen, vor allem im Nahbereich (z. B. beim Einfädeln eines Fadens in ein Nadelöhr) und beim Verfolgen rasch bewegter Gegenstände im Raum, weit überlegen.

Die Augenbewegung

„Wir alle werden uns erinnern können, wie wir als Kinder an einem Sommertag im Gras lagen, in den Himmel schauten und über die Unendlichkeit und die Beziehungen der Dinge zueinander grübelten. War jener winzige Punkt dort oben zum Beispiel eine Mücke, nur einen halben Meter entfernt, oder ein Adler hoch in der Luft? Wenn man den Kopf ein wenig bewegt und den Punkt mit Wolken oder Bäumen in Verbindung bringt, nimmt er seinen entsprechenden Platz in der Umgebung ein, seine Größe und Entfernung sind kein Geheimnis mehr. Zurück bleibt ein Staunen über die Geschwindigkeit, mit der diese komplizierten Einstellungen vorgenommen werden können."
[Mueller, 1969, S. 132]

Die Unterscheidung von Figur und Grund

Unser Auge (Gehirn) sucht bei der Durchmusterung der sichtbaren Welt (oder, wie die Wahrnehmungspsychologen sagen, eines Wahrnehmungsfeldes) nach Unterscheidungsmöglichkeiten innerhalb der Fülle verschie-

densster Formen und Gegenstände. Wir versuchen, Formen aus ihrem räumlichen oder flächigen Umfeld herauszugliedern und sie zu verstehen. Dies gelingt allerdings nur dann gut, wenn sich Figur und Grund in ihrer Helligkeit unterscheiden.
Ein Grundgesetz visueller Wahrnehmung besagt, daß wir einfache, prägnante (eindeutige, klare) und bereits bekannte Formen gegenüber komplizierten, unklaren und weniger oder noch gar nicht bekannten Formen bevorzugt wahrnehmen.

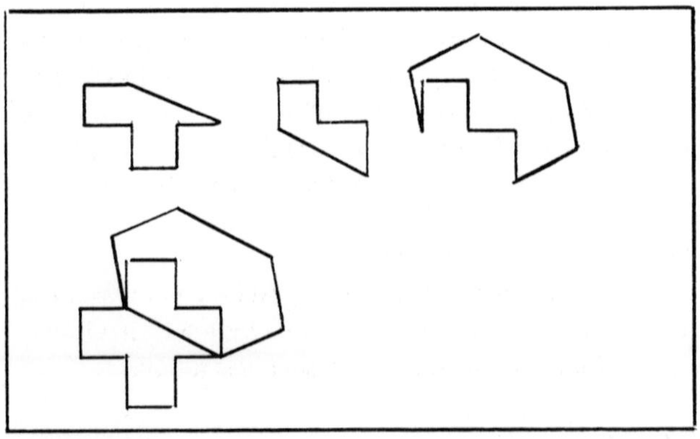

Abb. 27.1
Sechseck und Kreuz in Überschneidung

Betrachten wir Abb. 27.1, so sehen wir ein Kreuz, das von einem Sechseck überschnitten wird. Wir könnten theoretisch auch die drei einzelnen Formen sehen, was aber aus den oben genannten Gründen nicht der Fall ist.
Um im täglichen Leben handlungsfähig zu sein, vollzieht sich der Vorgang der Auswahl einer Figur aus einem Wahrnehmungsfeld blitzschnell. Wenn wir z. B. eine stark befahrene Straße überqueren wollen, müssen wir in der Lage sein, Figuren (schnell fahrende Autos) von ihrem Grund (Straße, Umfeld) zu unterscheiden und (in ihrer Gefährlichkeit) zu erkennen. Würden wir allen Formen und Gegenständen eines solchen Sehfeldes gleiche Aufmerksamkeit zukommen lassen, kämen wir sicher nicht problemlos über eine stark befahrene Straße.
Beim Betrachten von Bildern können wir uns zwar mehr Zeit lassen, aber auch hier versuchen wir, Formen oder Gegenstände aus einem Umfeld herauszulesen, auszugliedern. Normalerweise vollzieht sich auch dieser Vorgang sehr rasch. Es gibt aber Bilder, bei denen die Unterscheidung von Figur und Grund gar nicht so einfach ist, z. B. stark abstrahierende Malerei; wir suchen dann sehr interessiert nach einer Deutung der Bildaussage. (Vgl. hierzu auch Abb. 44.2.)

Abb. 27.2 Vexierbild

Aufgabe:
– Überprüfe, wie lange du brauchst, um aus dem Suchbild (Abb. 27.2) eine bekannte Figur herauszusehen.

Ist es uns gelungen, aus einem kompliziert aufgebauten Wahrnehmungsfeld eine Figur auszugliedern, dann verändert sich in unserem Bewußtsein die gesamte Erscheinung des Bildmusters. Es ist nun nicht mehr möglich, das Bild so zu sehen, wie man es zunächst, auf der Suche nach einer sinnvollen Figur, betrachtet hat. Unser Wahrnehmungssystem ist also allem Anschein nach nicht bereit, eine durch intensives Suchen gewonnene Erkenntnis wieder aufzugeben.
In bezug auf das räumliche Tiefensehen, um das es uns in diesem Kapitel besonders geht, ist die Unterscheidung von Figur und Grund von ganz elementarer Bedeutung. Die ausgewählte Figur zeigt nämlich eine Tendenz, schärfer wahrgenommen zu werden und gleichzeitig räumlich auf den Betrachter zuzukommen, während der Grund, weniger scharf umrissen, nach hinten zurückzuweichen scheint, obwohl beide in Wirklichkeit auf einer ebenen Fläche liegen. Aus dieser Tatsache können wir den Schluß ziehen, daß Sehen immer zugleich räumliches Sehen ist und daß es ein rein zweidimensionales Sehen gar nicht gibt.
Komplikationen anderer Art entstehen, wenn in Bildern Figur und Grund gleich einfach, prägnant und bekannt sind. Unser Wahrnehmungsapparat gerät dann in Schwierigkeiten, welche Form als Figur und welches als Grund gedeutet werden soll. Die nachfolgenden Abbildungen, die auch als „Kippfiguren" bezeichnet werden, veranschaulichen dies wirkungsvoll.

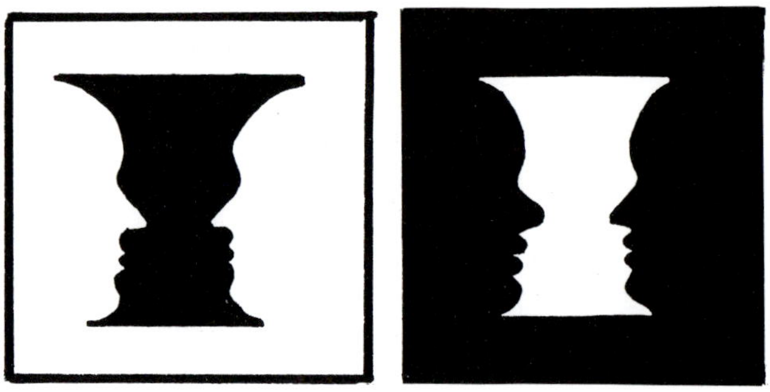

Abb. 28.1
Der „Rubinsche Becher"

Abb. 28.2 M. C. Escher: Flächenfüllung II, 1957

Die Irritationen, denen unser Auge bei einer Gleichwertigkeit von Figur und Grund ausgeliefert ist, verstärken sich, je komplexer die Bildanordnung ist.
Am Beispiel dieser Abbildungen wird deutlich, wie sehr das Sehen und Deuten des Gesehenen unser Gehirn beansprucht. Wir erkennen, daß der Sehvorgang keineswegs nur ein mechanisches Aufzeichnen von Objekten der Außenwelt auf der Netzhaut und der „inneren Leinwand“ im Gehirn ist, sondern daß das Sehen als ein aktiver, lebendiger Prozeß, „ein schöpferisches Begreifen der Wirklichkeit“ [Arnheim] verstanden werden muß.

3.4 Raumerfahrung und Raumbegriff

Wir alle leben im Raum, bewegen uns in Räumen; ohne Raum ist Leben überhaupt nicht vorstellbar.
„Raum ist also im weitesten Sinn der ‚Spielraum‘ einer Bewegung, der ‚Zwischenraum‘ zwischen den Dingen, der ‚freie Raum‘ um einen Menschen herum. Enge und Weite sind die ursprünglichsten Bestimmungen dieses Raums.“
[Bollnow, 1963, S. 33]

Wie ein Astronaut Raum erlebt
„18. 3. 65, 13 Uhr MEZ. Da steigt ein Astronaut aus seiner Weltraumkapsel und stürzt in etwas, wofür der Name fehlt, was bisher Universum hieß [. . .]. Die sieben Meter Kabel zum Mutterschiff hinüber hängen schlaff, sausen wie er selber und alles miteinander in abertausend Kilometer Eile daher, dorthin, gestern, morgen, Tag und Nacht, immer dem Mond entgegen ... Soll ihm gefallen haben, die Stunde außerhalb, ohne oben, unten, ohne Zwang und Widerstand. Der könnte, wenn er wollte, sagen, was Raum und Räume heißt, Raum überm Meer der Winde, zuvor die fürchterliche Enge an seinem Schaltbrett, dann außerhalb die unbegrenzte Nacht.“
[Döllgast, 1972, S. 5]

Aufgabe:
– Versetze dich in die Rolle dieses Astronauten.
Stell dir vor, du seist mit deinem Raumschiff eben erst wieder auf der Erde gelandet. Du wirst von Reportern umringt, die dich nach deinen Erlebnissen und Raumerfahrungen im Spacelab und beim freien Flug durch das All befragen. Was würdest du ihnen antworten?

Auf unserer Erde sind wir überall von Raum und Räumen umgeben. Sie wirken sich auf unser Befinden und auf unser Verhalten aus. Versuche, eigene Raumerfahrungen der „Enge und Weite“ in Bildern auszudrücken. Als Bildthemen könntest du z. B. wählen:
– „In einer kleinen Gefängniszelle“;
– „Allein auf einem großen Platz einer Stadt“ oder „An einem einsamen Strand am Meer“.
Wähle als künstlerische Technik die Fotomontage. Schneide aus Illustrierten Fotos von Innenräumen und Landschaftsprospekten aus, montiere und übermale sie im Sinne deiner Aussageabsicht.
In unserer Umgangssprache verwenden wir das Wort „Raum“ relativ selten.

Der Raumbegriff in der Umgangssprache
„Das Wort ‚Raum‘, mit dem bestimmten oder unbestimmten Artikel versehen, kommt im Deutschen nur in der Bedeutung von einem Raum als einem Teil des Hauses vor, als Oberbegriff also, der die Zimmer, Kammern, Küche und die anderen ‚Räumlichkeiten‘ umfaßt. Raum bezeichnet hier also die Einheiten, aus denen die Wohnung zusammengesetzt ist. Raum in diesem Sinn ist ein durch Zwischenwände abgeteilter selbständiger Teil des Hauses, der wiederum verschiedenen Zwecken dienen kann. Man spricht so von Wohnräumen, Büroräumen, Nebenräumen usw. Sehr bezeichnend ist das Beispiel vom Versammlungsraum: Findet nämlich die Versammlung unter freiem Himmel statt, so spricht man zwar vom Platz oder Ort der Versammlung, aber nicht vom Raum, womit besonders deutlich wird, daß der Raum hier immer einen Teil eines Gebäudes, d. h. etwas von der Umwelt Abgeschlossenes, einen Hohlraum bedeutet. Dieser Sprachgebrauch ist übrigens in den andern Sprachen nicht in der gleichen Weise vorhanden. [. . .]
Sonst aber kommt das Wort ‚Raum‘ – ohne Artikel gebraucht – vor allem als Bestandteil bestimmter fester Wendungen vor, und an diese werden wir uns zuerst halten müssen, wenn wir begreifen wollen, was die wissenschaftlich noch unbelastete Sprache mit dem Wort ‚Raum‘ im Auge hat. In diesem Sinne spricht man davon, daß man ‚Raum hat‘ oder ‚Raum braucht‘, um sich auszubreiten, und sich dann entsprechend auch ‚Raum schafft‘.“
[Bollnow, 1963, S. 31]

„Das Wort ‚Raum‘ hat etwas Merk-Würdiges. [. . .] Am geläufigsten ist vielleicht die Redensart: ‚Hier ist viel oder genug Raum‘, in der Raum soviel bedeutet wie Platz oder leerer Raum. So verwandt, erscheint es in seiner allen germanischen Sprachen gemeinsamen Urbedeutung, die wir noch aus dem Verbum *räumen* kennen. Räumen heißt leer machen. Wo auf der Erde ein Platz von Dingen geräumt worden ist, entstand Raum. Nach dem Grimmschen Wörterbuch ist Raum ein uralter Ausdruck der Ansiedler, der die Handlung des Rodens und Freimachung einer Wildnis für einen Siedelplatz bezeichnete, dann aber den Siedelplatz selbst. Wo Raum geschaffen ist, kann ein Ort entstehen, und zwar dadurch, daß etwas in den Raum gestellt oder gesetzt wird.“
[Badt, 1963, S. 69]

Aufgabe:
– Fasse den Inhalt der Texte mit eigenen Worten kurz zusammen.

„Das allgemeinste Thema der modernen Kunstgeschichte ist die Frage nach der Raumdarstellung. In vielen Fällen gilt sie für die wichtigste. [...] In der Malerei wird Raum mit künstlerischen Mitteln entfaltet, das heißt, es werden Bilder von ihm entworfen, in denen er sich in besonderer Weise als verstehbar darstellt. [...] Und doch, auch dies kann nur durch Körper geschehen."
[Badt, 1963, S. 11/12]

Die beiden Begriffe *Körper* (Körperhaftigkeit) und *Raum* (Räumlichkeit) sind streng zu trennen. Unter einem *Körper* verstehen wir eine Figur oder einen Gegenstand, also ein dreidimensionales Gebilde von begrenzter räumlicher Ausdehnung. Seine Darstellung im Bild muß sich nicht unbedingt mit einer Raumwirkung verbinden. Unter dem vieldeutigen Begriff *Raum* versteht man die Ausdehnung der Dinge, ihre Lage zueinander, ihre Entfernungen voneinander. Raum im Bild ist nur durch die Darstellung von Körpern und durch ihre Beziehungen zueinander anschaulich darstellbar. Der leere, unendliche Raum ist nicht Gegenstand der Malerei.
Wie aus den Bildbeispielen dieses Kapitels ersichtlich, waren in der Geschichte der Malerei keineswegs zu allen Zeiten tiefenräumliche Wirkungen beabsichtigt. Die Raumdarstellung im Bild ist immer zugleich Ausdruck einer bestimmten Weltanschauung und Welterfahrung des Künstlers, die sich auf der Grundlage der historischen, gesellschaftlichen und kulturellen Bedingungen einer Epoche entwickeln. Tiefenräumliche Darstellungen im Bild wurden im Verlauf der Kunstgeschichte immer dann angestrebt, wenn sich die Malerei als ein Medium der Darstellung von Wirklichkeit verstand. War es jedoch ihr Ziel, Vorstellungswelten (z. B. religiöser Art) zu veranschaulichen, vernachlässigte sie den illusionsräumlichen Aspekt.

Zu Abb. 33.1:
Der siegreiche Pharao. Seitenwand einer kleinen Holztruhe aus dem Grabschatz des Königs Tutanchamun, Leimfarben auf Stuckgrundierung, 15 x 50 cm, 1350 v. Chr., Ägyptisches Museum, Kairo

„Auf der bemalten Seitenwand der kleinen Holztruhe ist in einem durch vielgliedrige Ornamentstreifen gerahmten Bildfeld der siegreiche Kampf des Königs gegen die Reichsfeinde dargestellt.
Der König sprengt auf seinem Kampfwagen in die Feinde hinein, seine Pferde in ausgreifendem Galopp, er selbst hoch aufgerichtet mit gespanntem Bogen. Hinter ihm zu Fuß mit weitem Schritt zwei schwarze Standartenträger, dann noch sechs Streitwagen, je doppelt besetzt, im Bild in drei Streifen paarweise übereinander, weil sie hintereinander auf dem Truhenfeld nicht Platz haben.
Im Gegensatz zu der wohlgeordneten Reihung links sind die Feinde rechts als schon durch den Ansturm durcheinandergewirbelter Haufen dargestellt, Mann und Roß und Wagen bis an den Bildrand rechts und oben und unten chaotisch ineinander verknäult. Unter dem angreifenden Ansprung der Pferde des Pharaos brechen noch ägyptische Kampfdoggen in das Schlachtfeld ein. Die kleinen freien Flächenzwickel zwischen den durcheinanderpurzelnden Figuren füllen vereinzelte Pflanzen und die Steine des Wüstenbodens.
Als Schutzgötter schweben über dem Pharao zwei Geier [...].
Wenn man sich über die charakteristischen Züge des bildnerischen Stils klarwerden will, so fällt zuerst die Größe des Pharaos im Verhältnis zu den übrigen Figuren auf. Der Sinn ist klar: Er soll dadurch in seiner Bedeutung hervorgehoben werden [Bedeutungsperspektive, vgl. S. 31]. Das Bild gibt nicht einfach einen Blick auf ein Ereignis. Das Bild deutet und erklärt das Ereignis: Der Sieg ist Konsequenz der Größe des Pharaos. Das Instrument, mit dem er den Sieg erringt, ist der alles niederwerfende Ansturm. Das wird besonders deutlich im Gespann, das dem Betrachter ein Äußerstes an angreifender Bewegung suggeriert.
Typisch für den Stil der Ägypter ist die Art, wie das Doppelgespann dargestellt ist: Es ist die ägyptische ‚Staffelung'. Wenn ein Gespann mit zwei Pferden von der Seite gesehen wird, kommt es natürlich zu Überdeckungen. Die ‚Staffel' ist eine Überdeckungsformel mit ganz knappen Verschiebungen. [...]
Im Kontrast zu diesen Überdeckungsformeln der Staffelung, die eine disziplinierte Ordnung repräsentieren, stehen die Überdeckungen in dem chaotisch durcheinandergewirbelten Haufen rechts. Es ist gar kein Zweifel, daß mit dieser Darstellung das räumliche Hintereinander des sich in die Tiefe dehnenden Schlachtfeldes gemeint ist. Auf der Bildfläche ist es ein Übereinander [Höhenunterschied], als ob der Schauplatz ein steil ansteigender Abhang sei."
[Bertsch, 1976, S. 3]

Zu Abb. 33.2:
Niobidenmaler aus Orvieto: Herakles von Helden umgeben, um 450 v. Chr., Vasenmalerei, Höhe 61 cm, Louvre, Paris

Auf dieser Vase, einer Amphora (zweihenkeliges Tongefäß) des Niobidenmalers aus Orvieto, ist ein Ausschnitt aus einem Heerlager des Herakles dargestellt, das die Göttin Athene besucht. Die auf schwarzen Grund gemalten Figuren stehen oder sitzen auf kurvigen Standlinien, durch welche eine Geländeerhebung angedeutet wird. In der Mitte des Vasenbildes steht Herakles mit Bogen, Köcher und Keule. Er wendet sein mit Ölzweigen bekränztes Haupt Athene zu, die, etwas tiefer als er, am linken Bildrand steht. Zwischen ihr und Herakles ein Krieger mit Schild. Am unteren Bildrand lagert ein Krieger, der sich mit seinem rechten Arm am Boden aufstützt. In seiner Linken hält er zwei Lanzen. Rechts von ihm sitzt eine nackte Gestalt, das Schwert an der Seite. Rechts oben und an den Rändern beiderseits über den Henkeln der Vase sind weitere Krieger dargestellt.
Da für die Griechen der Mensch das Maß aller Dinge war, wurde der ihn umgebende Raum im Bild nur als Kulisse betrachtet. Ihrem plastisch-körperlichen Wirklichkeitsverständnis entsprechend, behalten die dargestellten Figuren und Körper ihre Eigenständigkeit, ihr Eigenleben, ohne sich einem einheitlichen Raumsystem unterzuordnen. Da die Griechen die Gesetze der zentralperspektivi-

schen Konstruktion noch nicht kannten, wurden die dargestellten Figuren auch noch nicht von einem einheitlichen Betrachterstandpunkt aus gesehen. Auf unserem Vasenbild sind sie in perspektivischen Verkürzungen, verschiedenen Ansichten, Stellungen und Raumlagen gegeben. Jede Figur hat sozusagen ihre eigene Perspektive. Diese Darstellungsweise wird in der Kunstwissenschaft deswegen auch als „Körperperspektive" bezeichnet.

Zu Abb. 33.3:
Römisches Wandbild. Villa Boscoreale, Pompeji (Skenographie), 1. Jh. v. Chr., Länge ca. 450 cm, Museo Nazionale, Neapel

Die römisch-pompejanische Kunst entwickelt in ihrer Wandmalerei, vor allem in der Kulissenmalerei für das Theater, ein über die Standlinie hinausgehendes räumliches System. Die Kanten paralleler Architekturteile konvergieren (fluchten) zur Raumtiefe hin, jedoch noch ohne Kenntnis des Hauptpunktes. In den Landschaftsdarstellungen, z. B. den berühmten „Odysseelandschaften", gewinnt der Raum gegenüber den dargestellten Figuren zunehmend an Eigenständigkeit und Tiefe. Den wirklichkeitsnah denkenden Römern kam es in ihren Bildern, vor allem in der Skenographie (Bühnenbild), auf wahrnehmungsgetreue Wiedergabe dreidimensionaler Objekte im Raum an.
Unsere Abbildung zeigt eine Bühnenkulisse; die Maske am oberen Bildrand weist auf den Zusammenhang der Darstellung mit dem Theater hin. Diese Art, illusionistische Bühnenmalerei auch auf die Innenräume vornehmer Villen anzuwenden, war eine römische Idee.
Mit der pompejanischen Malerei beginnt die Geschichte der abendländischen Perspektive als einer raumerobernden Kraft, die die sichtbare Welt dem Betrachter, auf den sie nun bezogen ist, in ihrer ganzen räumlichen Fülle und Weite erschließt. Mit dem Verfall der römischen Kultur brach jedoch die kontinuierliche Weiterentwicklung dieser Art der Raumdarstellung vorerst ab, bis sie von Giotto wieder neu aufgegriffen wurde.

Zu Abb. 34.1:
Christus spricht zu den Jüngern, 1007–14, 42,5 x 32 cm, Buchmalerei, Perikopenbuch Kaiser Heinrichs II., Reichenau, Staatsbibliothek, München

Die Bildvorstellungen des Früh- und Hochmittelalters (ca. 6. Jh. – ca. 13. Jh.) sind nicht durch eine wahrnehmungsgetreue Abbildung von Körper und Raum bestimmt, sondern die *Bildfläche* ist das Spannungsfeld religiöser Darstellungen. Das räumliche Umfeld der Figuren ist lediglich als Staffage (nebensächliches Beiwerk) geduldet. Natur und Landschaft gelten aufgrund religiöser Weltabkehr als nicht mehr darstellungswürdig. Das Generalthema christlich-mittelalterlicher Kunst ist die biblische Botschaft. In der Zeitspanne von der Spätantike bis zur Frührenaissance, die ungefähr tausend Jahre umfaßt, waren perspektivische Darstellungsweisen entweder ganz in Vergessenheit geraten oder aber für die Malerei aufgrund einer anderen Weltanschauung irrelevant geworden. Der Verzicht auf Tiefenräumlichkeit ist zugleich sinnbildhafter Ausdruck christlich-mittelalterlicher Weltabkehr und einer Verlagerung der Bildaussage in geistliche Vorstellungswelten. Durch diesen „raumlosen Stil" [Badt, 1963, S. 118] wird die Raum und Zeit überwindende, ewig gültige Botschaft der Bibel bildhaft veranschaulicht.
Eine der wichtigsten Darstellungsformen ist die *Bedeutungsperspektive.* Sie erfaßt die menschliche Figur im BIld nicht nach der Größe ihres Standorts im Raum, sondern nach inhaltlichen Gesichtspunkten. Der Heilige wird im Vergleich zur weltlichen Person, Christus im Verhältnis zu seinen Jüngern, seiner Bedeutung entsprechend, größer dargestellt.
In der Zeit um 1000 n. Chr. erreicht die romanische Buchmalerei eine Stufe höchster Vollendung und Ausdruckskraft. Die dargestellten Figuren sind in feierlicher Strenge vor einen total flächigen, in drei Farbfelder gegliederten Hintergrund gestellt. Links im Bild steht die von Petrus angeführte, dicht zusammengerückte Gruppe der Jünger. Sie sind durch Blickrichtung und Gestik auf den rechts im Bild überlebensgroß dargestellten, lehrenden Christus bezogen.

Zu Abb. 34.2:
Giotto: Der Traum vom himmlischen Kastell, 1297–1300, Fresko, Oberkirche von San Francesco, Assisi

Giotto gilt als der bedeutendste Maler in der Übergangszeit vom ausgehenden Mittelalter zur Neuzeit. Er wurde um 1266 bei Florenz geboren und malte in Padua, Florenz und Assisi. 1334 wurde er in Florenz zum Stadtbaumeister ernannt, wo er den Kampanile des Doms erbaute. Er starb 1337 in dieser Stadt.
Seinen ersten großen Freskenzyklus, der das Leben des heiligen Franziskus in 28 Szenen darstellt, malte er in der Oberkirche von San Francesco in Assisi. Unsere Abbildung zeigt, wie Christus dem Heiligen im Traum erscheint und ihm einen prächtigen, mit Waffen, Schildern und Rüstungen ausgestatteten Palast zeigt, Sinnbild für den zukünftigen christlichen Dienst des Heiligen in der Welt mit den Waffen Gottes.
Als erster nachantiker Maler ordnet Giotto seine Figuren wieder einem dreidimensionalen Bühnenraum (Kastenraum) zu, der ihren Standort im Raum, zugleich aber auch ihre Proportionen und die Plastizität ihrer Körper bestimmt. Die Wiederentdeckung des Raumes im Bild ist Ausdruck eines sich wandelnden Weltbildes, eines neuen Lebensgefühls und einer neuen Art, die Welt zu sehen und zu verstehen. Die Hinwendung zur sinnenhaft erfahrbaren Realität, das erwachende Interesse an der Natur, ihrer Schönheit und Gesetzmäßigkeit sowie eine neue Wertung des Irdischen sind für die Lebensauffassung der kommenden Jahrhunderte charakteristisch.
„Der menschliche Geist sucht sich aus dem Banne traditionellen Autoritätsglaubens zu befreien. Ein freieres, persönlicheres Menschentum tritt auf den Plan."
[Frey, 1929, S. 7]
Noch erfassen die Künstler des 14. Jahrhunderts Bilder nicht mit einem Blick als Ganzes. Die Betrachtungsweise

der Gotik ist vielmehr ein sukzessives (Schritt um Schritt) Betrachten von Teilhandlungen und Teilräumen innerhalb eines Bildes. Der Bildraum wird entsprechend der dargestellten Handlung (meist von links nach rechts in Leserichtung) Stück um Stück erfaßt. Die einzelnen Bildteile sind noch nicht, wie seit der Renaissance, einer einheitlichen Gesamtkonzeption und einem einheitlichen perspektivisch konstruierten Raumsystem untergeordnet. Diese nicht primär optische, sondern vielmehr symbolische, aus einer geistigen Vorstellung heraus entwikkelte Raumauffassung ist typisch für das mittelalterliche Bild. Wenn Körper im Raum dargestellt werden sollen, geschieht dies aus dem Wissen um die Dinge, aus Erfahrungswerten; man nennt diese Art der Raumdarstellung daher auch „Erfahrungsperspektive". Sie kann im Bild verwirklicht sein durch parallele Schrägbilder von Körpern, durch konvergierende (nach hinten zusammenlaufende) oder auch divergierende (zur Tiefe hin auseinanderlaufende) Linienführung von Körperkanten und -flächen. Letztere nennt man im Vergleich zur konvergierenden Zentralperspektive auch „umgekehrte" oder „divergierende Perspektive".
In Giottos Fresko sind alle drei Darstellungsweisen der Erfahrungsperspektive in einem Bild vereint.

Zu Abb. 35:
Masaccio: Die Heilige Dreifaltigkeit, um 1428, Fresko, 489 x 317 cm, S. Maria Novella, Florenz

Die Bedeutung des jung verstorbenen italienischen Malers Masaccio (1401–1428) beruht auf seiner Leistung, anschließend an die Kunst Giottos, die Tradition der gotischen Malerei überwunden zu haben. Als erster Maler der Weltkunstgeschichte stellte er, angeleitet durch seine Lehrmeister, den Architekten Brunelleschi und den Bildhauer Donatello, in seinem „Dreifaltigkeitsfresko" einen streng nach den Gesetzen der Zentralperspektive konstruierten Innenraum dar.
Die Entdeckung der Zentralperspektive und die wissenschaftlich-rationale Begründung der künstlerischen Praxis in der italienischen Frührenaissance ist zu verstehen als Ausdruck des Anliegens der Künstler, für neue geistige Inhalte neue Darstellungsweisen zu finden. Ab jetzt gehören Anatomie-, Proportions- und Perspektivlehre zum unverzichtbaren Rüstzeug fortschrittlich gesinnter Künstler. Die „ars perspectiva" (Kunst der Perspektive) zeigt die Welt im Bild so, wie sie dem Betrachter von einem ganz bestimmten Standpunkt aus erscheint. Der individuelle Wahrnehmungsprozeß wird also an einen festen Standpunkt gebunden und damit die bildliche Darstellung direkt auf den Betrachter bezogen.

„Masaccio vollendete sein Fresko der *Hl. Dreifaltigkeit* im nördlichen Langhaus von Santa Maria Novella in Florenz vermutlich mit 27 Jahren, in seinem Todesjahr, soweit wir wissen. Die Zeit hinterließ ihre Spuren darauf, doch konnten auch fünfeinhalb Jahrhunderte seine einzigartige, vorbildhafte Bedeutung für die gestalterischen Prinzipien der Frührenaissance nicht verdunkeln.
Der Bildaufbau beruht auf einem präzis konstruierten perspektivischen System, das zuerst Brunelleschi entwickelt hatte. Die Modellierung der Körper und die individuelle Charakterisierung der Gestalten finden ihre Parallelen in Donatellos Skulpturen. Doch nur bei Masaccio begegnen uns diese durchdachte, die Bildelemente zusammenfassende Lichtführung und die wahrhaft monumentale Gesamtwirkung. Die Komposition ist so angelegt, daß der Augenpunkt genau in der Mittelachse und in Augenhöhe des Betrachters liegt. Im Vordergrund fällt der Blick auf ein Skelett auf dem Deckel eines Sarkophages, der unter einem Altar steht. Die Nische dahinter trägt auf italienisch die Inschrift: ‚Ich war, was Du bist, das, was ich bin, wirst Du sein.' Darüber, leicht zurückgesetzt, knien die beiden Stifter vor dem gemalten Architekturrahmen. Wiederum eine Stufe höher und in den gewölbten Raum versetzt, stehen die Muttergottes und Johannes unter dem Kreuz, das sich auf dem Golgathafelsen erhebt. Den Gekreuzigten stützen die ausgestreckten Arme Gottvaters, der majestätisch hinter dem Kreuz steht, die einzige Gestalt im Fresko, die in voller Frontalität gezeigt ist. Zwischen den Häuptern von Vater und Sohn schwebt der Hl. Geist in Gestalt einer Taube.
Die perspektivische Konstruktion ist geometrisch exakt, die einzelnen Linien treffen sich in einem Fluchtpunkt, der, für das suchende Auge noch sichtbar, in den Gipsgrund eingekratzt ist. Die gemalte Architektur erscheint genauso real wie der Kirchenraum von Santa Maria Novella – oder, wie Vasari es formulierte, die gemalte Kapelle sieht aus, als ob sie die Wand durchbräche. Die Details – korinthische Pilaster rahmen ionische Säulen, die ein kassettiertes Gewölbe tragen – sind eines Donatello oder Brunelleschi würdig, und der Kapellenraum ist so konstruiert, als wäre er dreidimensionale, gebaute Architektur.
Masaccio verlegt bewußt das Geschehen der Passion in einen klassischen Architekturraum und nicht vor einen Goldgrund oder in eine freie Landschaft; denn sein Anliegen ist es, zu zeigen, daß das Mysterium nicht nur im Glauben erfahrbar, sondern auch mit dem menschlichen Verstand begreifbar ist. Mit der gezielten Anwendung perspektivischer Gesetze nimmt Masaccio den Lehrsatz des Nikolaus von Kues voraus, des Klerikers, Mystikers, Geometers und Astronomen, der sagt, daß die Mathematik, die exakteste aller Wissenschaften, eine irdische Reflexion des Göttlichen sei. Die Wahrheiten der Mathematik sind unveränderlich, überdauern den Tod und den Untergang der Reiche. Die Gesetze der Natur spiegeln den göttlichen Logos, und die ihnen innewohnende Wahrheit bestimmt Masaccios Meisterwerk.
Durch Blick und Geste der Muttergottes in das Bild hineingewiesen, wird dem Betrachter eine vollkommene Illusion vermittelt, die seiner Seherfahrung und seinem eigenen menschlichen Maß entspricht und seinen Augen genauso real wie irgendein irdisches Phänomen erscheint. Gott und Mensch, Lebende und Tote sind hier in Ewigkeit vereint in der Betrachtung des Mysteriums der Passion Christi."
[Piper, 1985, S. 154]

Abb. 36 veranschaulicht durch einen imaginären Aufriß die zentralperspektivische Konstruktion des Freskos. Die realen Standorte der Figuren sind so wiedergegeben, wie sie von einem angenommenen Betrachterstandpunkt aus erscheinen.

Abb. 33.1
Der siegreiche Pharao, um 1350 v. Chr.

Abb. 33.2
Niobidenmaler aus Orvieto: Herakles von Helden umgeben, um 450 v. Chr.

Abb. 33.3
Römisches Wandbild, 1. Jh. v. Chr.

Abb. 34.1
Christus spricht zu den Jüngern, 1007–14

Abb. 34.2
Giotto: Der Traum vom himmlischen Kastell, 1297–1300

Abb. 35
Masaccio: Die Heilige Dreifaltigkeit, um 1428

Abb. 36
Perspektivkonstruktion des Freskos von Masaccio

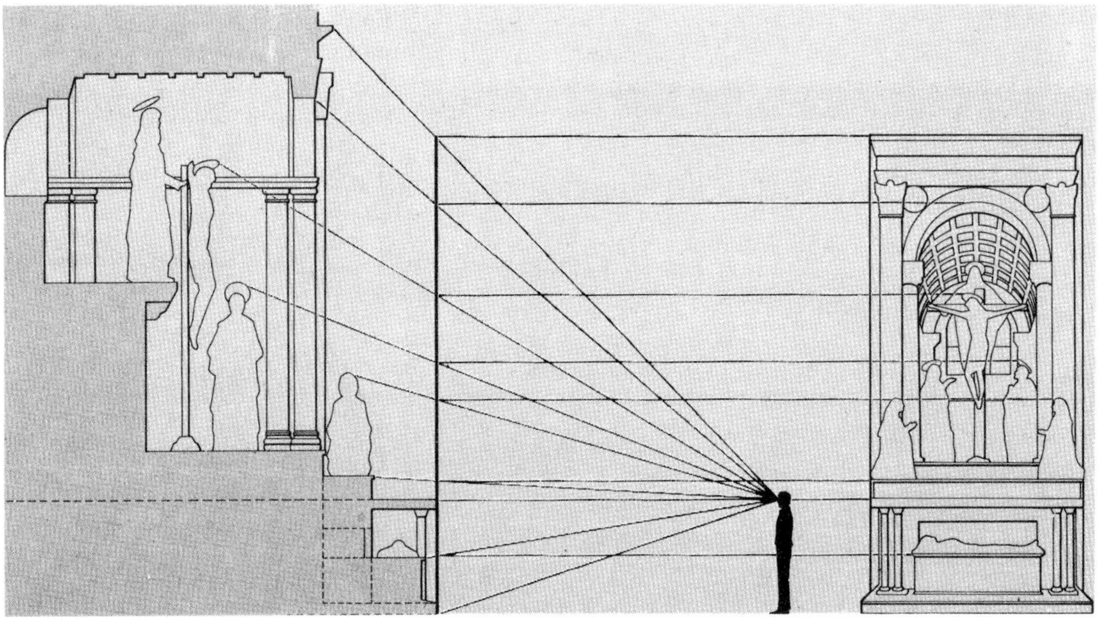

Zu Abb. 38.1:
Jan van Eyck: Die Madonna des Kanzlers Rolin, 1435, Holz, 66 x 62 cm, Louvre, Paris

Jan van Eyck (um 1390–1441) steht mit seinem Werk an der Schwelle zur Frührenaissance. Er gilt als der bedeutendste Maler der altniederländischen Malerei. Wegweisend wurde er durch seine neue Ölmaltechnik und die aus der Farbe heraus entwickelte Raumbehandlung.
In seinem Bild „Die Madonna des Kanzlers Rolin", von dem unsere Abbildung die Hintergrundlandschaft zeigt, sitzt in einem noch auf Erfahrungswerten aufgebauten Innenraum der Kanzler Rolin anbetend der Madonna gegenüber. Nach hinten öffnet sich der Raum einer grandiosen, aus der Vogelperspektive gezeigten „Überschaulandschaft", die in der Kunst des 15. Jahrhunderts ohne Vergleich ist.

„Die bunte Vielfalt der Farben erscheint in dem als übergreifende Ordnung verstandenen Freiraum gebändigt. Raum und Körper sind ja keine getrennten Größen, sondern miteinander verwoben. [...] Hier liegen die Anfänge [...] der neuzeitlichen Landschaftsmalerei als Raumerlebnis. [...] Die Intensität der Farben nimmt nach der Tiefe bis zu der dunstig-blauen Silhouette der Hügelkette ab. Die Lokalfarbe dominiert also nicht mehr überall, denn das Blau für die Ferne gibt ja nicht die farbige Realität, sondern die atmosphärisch bedingte Erscheinung der Hügel und Wälder wieder. Der den Blick in die Tiefe lenkende Fluß zeigt im vorderen Teil die Spiegelungen von Burg und Ufern, während er sich nach der Ferne zu aufhellt und nur noch den Himmel reflektiert. Dem entspricht die nach rückwärts zu abnehmende Schärfe der Zeichnung. [...] Jan van Eyck war einer der bedeutendsten Koloristen [Farbgestalter] der europäischen Malerei. Er löste das Problem der Freiraumdarstellung empirisch [auf Erfahrung beruhend] durch die Beobachtung der Luft- und Farbperspektive mittels der Farbe und nicht rational mittels der Zeichnung [wie die italienischen Frührenaissancemaler]."
[Steingräber, 1986, S. 71 f.]

Jan van Eyck hat als erster Maler nach der Antike den Freiraum im Bild wieder erobert und das Erlebnis von Ferne visualisiert.

Zu Abb. 38.2:
Piero della Francesca: Die Geißelung Christi, ca. 1455–65, Holz, 59 x 1,5 cm, Galleria Nazionale delle Marche, Palazzo Ducale, Urbino

Piero della Francesca (um 1416–1492) war einer der fortschrittlichsten Künstler der italienischen Frührenaissance. In der Wiedergabe plastisch-körperhafter, wirklichkeitsgetreu proportionierter, lichtumfluteter Figuren in zentralperspektivisch konstruierten Bildräumen steht er in der Nachfolge Masaccios. Das herb-realistische und zugleich ideale Menschenbild seiner Malerei entstand in enger Beziehung zur Geisteshaltung und Philosophie des Humanisten- und Künstlerkreises um den Herzog Federico da Montefeltre in Urbino, mit diesem Maler verband ihn ein gemeinsames Interesse an mathematischen Gesetzmäßigkeiten in bildender Kunst und Architektur. Frucht dieser Studien ist Pieros theoretisches Werk „De prospectiva pingendi" (Über die Perspektive in der Malerei) von 1478, eines der umfassendsten mathematisch-geometrischen Lehrbücher des 15. Jahrhunderts. In dieser Schrift räumt Piero der Perspektive vor Farbe und Zeichnung Vorrang in der Malerei ein. Malerei sei Perspektive und ohne sie nicht mehr denkbar.
Sein Frühwerk, die „Geißelung Christi", veranschaulicht die Bedeutung der Zentralperspektive für die Malerei. Zwei zeitlich und räumlich getrennte Szenen, die auf den ersten Blick nichts miteinander zu tun haben, sind durch die Perspektivkonstruktion des Bildraumes formal und inhaltlich zu einer einheitlichen Gesamtkomposition verbunden. Ob es sich bei der Figurengruppe rechts vorne

im Bild um den ermordeten Zeitgenossen Oddantino da Montefeltre und seine Mörder oder um jüdische Rechtsgelehrte, die das Urteil des Pilatus gegen Jesus unterstützten, handelt, ist nicht geklärt. In jedem Falle aber sind inhaltliche Beziehungen der rechts im Bild stehenden Figuren zum Leiden Christi gegeben, obwohl die Gruppe im Bildvordergrund von der Geißelung keine Notiz zu nehmen scheint.

In seiner Perspektivlehre (s. o.) hat der Maler-Mathematiker Piero della Francesca auch Anleitungen zur Umsetzung von Grundrissen in zentralperspektivische Aufrißbilder gegeben. Die Perspektivkonstruktion der Architektur unseres Bildes ist so exakt gemalt, daß man ohne Schwierigkeiten den Grundriß des Innenraumes rekonstruieren kann. Dabei hat sich ergeben, daß die reale Tiefe des gemalten Raumes gut 14 m betragen würde. Abb. 37.1 zeigt den Grundriß eines Teils des Fliesenfußbodens vor der Figur Christi, der sich dank der exakten perspektivischen Konstruktion Pieros rekonstruieren ließ.

Weitere Nachmessungen haben zu der Theorie geführt, Piero habe der Konstruktion dieses Raumes die (damals bekannten) Maße des Palastes des Pilatus in Jerusalem zugrunde gelegt.

Abb. 37.1
Grundriß eines Teils des Fußbodens im Bild „Geißelung Christi"

Zu Abb. 39:
Raffael: Die Schule von Athen, 1509–11, Fresko, Breite der Basis 7,70 m, Stanza della Segnatura, Vatikan, Rom

Raffael (1483–1520), italienischer Maler und Architekt, war einer der bedeutendsten Künstler der Hochrenaissance, deren Ideale er in seinen Bildern am gültigsten und vielseitigsten zum Ausdruck brachte.

Auf Raffaels Fresko „Die Schule von Athen" sind die berühmtesten Vertreter der altgriechischen Philosophie und Geistesgeschichte dargestellt und diskutierend in einem prächtigen, tempelartigen Innenraum vereint.

Dieses Wandbild aus den päpstlichen Gemächern des Vatikans gilt als ein Musterbeispiel für die Raumauffassung der Hochrenaissance. Während die Frührenaissancekünstler (Piero della Francesca, Uccello, Mantegna u. a.) in ihrer Entdeckerfreude perspektivisch konstruierte Innenräume in kühnsten Verkürzungen und mit effektvollen Wirkungen malten, versucht Raffel, zu aufdringliche Effekte der Perspektive (vgl. Abb. 37.2) zu mildern, indem er den tunnelartigen Sog der leeren Architektur durch eine eher flächig wirkende, in zwei horizontalen Reihen angeordnete Figurengruppe bändigt.

Andererseits wirkt wiederum die dynamische Architekturdarstellung der eher statuarischen Figurengruppe (vgl. Abb. 37.3) entgegen, so daß ein wohlausgewogenes Gleichgewicht von Raumtiefe und Fläche, von Bewegung und Ruhe im Sinne einer spannungsreichen Harmonie, eines Ideals der Hochrenaissance, entsteht (Abb. 39).

Abb. 37.2
Die Architektur der „Schule von Athen" ohne Figuren (vgl. Abb. 39)

Abb. 37.3
Die Figuren der „Schule von Athen" ohne Architektur (vgl. Abb. 39)

Der zentrale Hauptfluchtpunkt befindet sich in der optischen Mitte des Blickfeldes und gleichzeitig, wie in Bildern der Hochrenaissance üblich, in der Bedeutungsmitte, im geistigen Bildzentrum, zwischen den beiden Hauptfiguren Platon (links) und Aristoteles (rechts).

Zu Abb. 40:
Andrea Pozzo: Allegorie des Missionswerkes der Jesuiten, 1685, Deckenfresko in St. Ignazius, Rom

Andrea Pozzo (1642–1709) war ein Hauptmeister der barocken Baukunst und Dekorationsmalerei. Seine perspektivisch unvergleichlich kühn konstruierte, raumsprengende Deckenmalerei beeinflußte maßgeblich die illusionistische Raumbehandlung des Spätbarock.

„Die Tonne über dem etwa 17 m breiten, 36 m langen und 29 m hohen Langhaus wurde mit einem einzigen Fresko geschmückt, das sich aus einer architektonischen Scheinmalerei immer freier entwickelt. Den Bildgegenstand hat Pozzo in einem bis ins 19. Jahrhundert immer wieder gedruckten Flugblatt selbst gedeutet. Ausgangspunkt ist das Jesuswort aus Lukas 12, 49: ‚Ich bin gekommen, daß ich ein Feuer anzünde auf Erden; was wollte ich lieber, denn es brennte schon!' [Luther]. In der Mitte des Bildes schwebt die Hl. Dreifaltigkeit; vom Vater des Lichts geht ein Lichtstrahl über Christus zur Brust des hl. Ignatius, wo er sich in

Abb. 38.1
Jan van Eyck: Die Madonna des Kanzlers Rolin, 1435

Abb. 38.2
Piero della Francesca: Die Geißelung Christi, 1455–65

Abb. 39
Raffael: Die Schule von Athen, 1509–11

Abb. 40
Andrea Pozzo: Allegorie des Missionswerkes der Jesuiten, 1685

Abb. 41.1
Giovanni Piranesi: Carceri d'invenzione, 1761

Abb. 41.2
Canaletto: Campo di Rialto, nach 1756

vier Strahlen bricht, die ihrerseits zu den vier Erdteilen fallen, welche im Attikageschoß der Scheinarchitektur noch unterhalb der gekoppelten Säulenordnungen angebracht sind. [...]
Die zentralperspektivische Konstruktion der gemalten Scheinarchitektur ist nur dann gültig, wenn sie vom Augenpunkt aus genossen wird, der, lotrecht unter der Mitte der Tonne liegend, im Fußboden des Langhauses durch eine Porphyrplatte bezeichnet ist."
[Propyläen-Kunstgeschichte, Bd. 9, 1970, S. 129]

Zu Abb. 41.1:
Giovanni Piranesi: Carceri d'invenzione, 1761, Radierung, zweiter Zustand, 55 x 41 cm, Blatt 14 der „Carceri d'invenzione"

Der italienische Architekt und Kupferstecher G. B. Piranesi (1720–1778) ist durch seine Kupferstiche von Ansichten antiker Bauwerke und vor allem durch seine phantastischen Architekturvisionen der „Carceri" (Gefängnisse) berühmt geworden. Mit diesen Arbeiten stößt Piranesi an die Grenzen von Architektur und Architekturdarstellung. Seine ins Surreale getriebenen Raumillusionen bedienen sich einer für seine Zeit ungewöhnlichen Freiheit im Umgang mit der Perspektive.

„Ein Blick in einen phantastischen Innenraum. Riesig groß, verwirrend und kompliziert, unheimlich; ausdrucksvoll in dem spärlichen Licht, das schräg von oben einfällt. Ein Labyrinth mit zyklopischen Mauern, in den Durchblicken sich in unübersichtliche Tiefen verlierend. [...]
Zu der Schwere und Wucht des Steins kommt das unübersichtlich Labyrinthische des Raums. Dieser Eindruck entsteht durch die dichte Fülle der Bauglieder mit all ihren Überschneidungen [Überdeckungen]. Der Blick muß sich, immer neu ansetzend, in den Raumabschnitten durch die Bauglieder in eine Tiefe zwängen, die nirgends zu Ende ist. Für einen Innenraum ist es auffallend, daß Piranesi eine *Übereckperspektive mit zwei Fluchtpunkten* benützt. Sie hat in diesem Blatt all ihre festen Elemente, den Horizont und die Fluchtpunkte außerhalb der Bildfläche. Der Horizont liegt noch unter dem Bildrand, und dem Betrachter ist damit ein Platz für einen Blick aus der Tiefe angewiesen. Er steht an irgendeinem Geländer über dem Abgrund. [...]
Der Gesamtraum verliert seine rationale Struktur. Er wird zu einem Traumgebilde. [...]
Die Radierung ist das Blatt XIV in einer Serie von 16 Blättern, die Piranesi ‚Carceri d'invenzione' betitelt hat, also ‚erfundene' Gefängnisse. Es sind Visionen von Kerkeranlagen, eine finstere Welt, in die hier der Mensch gestoßen wird, der er ausgeliefert ist, die ihn überwältigt. Die Mauern sind so schwer und fest, daß bei ihrem Anblick jede Hoffnung erstickt, man könne hier je mit Gewalt ausbrechen. Dazu ist es ein unüberschaubares riesiges System, aus dem es keinen Ausweg gibt. Wohin man auch über die Treppen und Brücken kommt, bleibt die Situation, in der man sich findet, die gleiche. [...]
In den Carceri ist in dem aufgeklärten und so vernünftigen 18. Jahrhundert ein Symbol für das tiefgeschichtete Labyrinth der Seele entstanden, in dem der Mensch jenseits aller Rationalität gefangen ist."
[Bertsch, 1974, S. 36 f.]

Zu Abb. 41.2:
Canaletto: Campo di Rialto, nach 1756, Öl auf Leinwand, 119 x 186 cm, Gemäldegalerie, Berlin-Dahlem

Canaletto, eigentlich Antonio Canal (1697–1768), venezianischer Maler, schuf vor allem Stadtansichten (Veduten) von großer Wirklichkeitstreue.
Unser Bild zeigt eines der alten Hauptgeschäftszentren Venedigs, den Campo di Rialto. Er ist seit 1075 Hauptmarktplatz und dient heute noch als Gemüsemarkt. Die Fabbriche Vecchie di Rialto begrenzen den Platz von drei Seiten. Links im Bild verläuft die Straße der Goldschmiede, im Hintergrund sieht man den Kampanile (Glockenturm) der Kirche S. Giovanni Elemosinario. Im Vordergrund bieten Händler Haushaltswaren und Kunstgegenstände zum Kauf an.
Canaletto hat dieses Bild nach seinem Englandaufenthalt (nach 1756) gemalt. Typisch für diese Schaffensphase sind die Monumentalität der Raumdarstellung, die kühle Klarheit der Atmosphäre, die exakt und penibel gemalte Architektur und eine Vorliebe für detailfreudige Schilderungen volkstümlichen Lebens.
Im Unterschied zu Piranesis phantastischen Raumillusionen zeigt Canalettos Bild eine wirklichkeitsgetreue Stadtansicht, deren Wirkung auf den damaligen Betrachter ein Zeitgenosse zum Ausdruck brachte: „Er [Canaletto] malt so genau und raffiniert, daß das Auge getäuscht wird und man tatsächlich glaubt, nicht ein Gemälde, sondern die Wirklichkeit zu sehen", und der Kunstkenner F. Algarotti vermutete: „Die besten modernen Maler unter den Italienern haben sich weitgehend der Camera obscura bedient, sonst hätten sie unmöglich Dinge so lebendig darstellen können."

Abb. 42
Die Camera obscura Canalettos

Die Camera obscura (lateinisch = dunkle Kamera) ist ein optisches Gerät, vergleichbar einer Lochkamera mit Mattscheibe, deren Optik entweder nur aus einem winzigen Loch oder einer einfachen Sammellinse bestehen konnte, durch welche die Gegenstände im Licht auf ein Mattglas oder ein Ölpapier projiziert wurden. Zur Korrektur des Projektionsbildes setzte man einen Spiegel ein. Das lichtschwache Mattscheibenbild konnte man nur im Dunklen gut sehen, der Künstler mußte sich deswegen (wie bei alten Fotoapparaten) ein dunkles Tuch über den Kopf ziehen, um mit der Camera obscura gut arbeiten zu können.

In welchem Umfang Canaletto die in seiner Zeit zur Herstellung von Veduten häufig verwendete Camera obscura für seine Bildentstehung eingesetzt hat, ist in der Canaletto-Forschung umstritten. Trotz erstaunlicher Detailgenauigkeit der Darstellung sind seine Bilder niemals nur ein fotografisch richtiges Abbild einer Stadtansicht. Ihr künstlerischer Rang ist vor allem begründet in der Darstellung des Atmosphärischen, der Licht-, Schatten- und Farbgestaltung und in der stets eigenwilligen Komposition seiner Veduten.

Zu Abb. 44.1:
Paul Cézanne: Die Hütte von Jourdan, 1906, Öl auf Leinwand, 65 x 81 cm, Privatsammlung

Paul Cézanne (1839–1906), französischer Maler aus Aix-en-Provence, fand nach einer dem Impressionismus nahestehenden Schaffensphase zu einer rhythmisch gegliederten Verfestigung der Bildarchitektur, die nicht durch die Zeichnung oder Licht und Schatten, sondern durch fein aufeinander abgestimmte Farbwerte bestimmt ist. In seinem Spätwerk überwand er die Seh- und Gestaltungsweise des Impressionismus und beeinflußte maßgeblich die Kunst der Folgezeit (z. B. den „Fauvismus" und den „Kubismus").
In einem Brief an seinen Freund Émile Bernard schrieb Cézanne 1904: „Alle Formen in der Natur lassen sich auf Kugel, Kegel und Zylinder zurückführen. Man muß mit diesen einfachen Grundelementen beginnen, dann wird man alles machen können, was man will [...]." In diesem vielzitierten Satz wird seine Absicht, alle Naturgegenstände in autonome (selbständige), geometrische Bildelemente zu zerlegen, deutlich. Durch die flächige Anordnung dieser Bildelemente zerstört er zugleich den tradierten (überkommenen) Illusionsraum. Cézannes Bedeutung für die Raumdarstellung im Bild liegt darin begründet, daß er in seinem Spätwerk (ab etwa 1890) mit der Tradition der wissenschaftlichen Perspektive bricht. Zwar haben diese Bilder noch eine gewisse räumliche Ausdehnung, aber durch die Mißachtung der Linearperspektive und die Zerstörung der Gesetze der Farb- und Luftperspektive im Bild betont er die Zweidimensionalität der Leinwand.
In seinem letzten Bild, „Die Hütte von Jourdan", verschränkt er den Bildhintergrund mit dem Bildvordergrund, indem er die erscheinungsmäßig zurücktretenden, kalten Farben (Blau) auch nach vorne und die warmen Farbtöne (Orange, Ocker) auch nach hinten setzt. Trotz einiger konvergierender Linien der rechten Seitenfäche der Hütte wirkt doch die ganze Architektur eher flächig als räumlich. Die baumähnlichen Bildelemente rechts im Bildvordergrund bestehen aus kleinen, kristallinen, autonomen Farbflecken, die durch ihre Anordnung und farbige Gestaltung in die Bildfläche eingebunden sind. Alle Bildgegenstände werden Teil einer in die Fläche gesetzten Bildarchitektur.

Zu Abb. 44.2:
Georges Braque: Violine und Krug, 1910, Öl auf Leinwand, 117 x 73,5 cm, Kunstmuseum, Basel

Georges Braque (1882–1963) war einer der bedeutendsten französischen Maler der ersten Hälfte des 20. Jahrhunderts. Zusammen mit Pablo Picasso begründete er 1908 die Malerei des Kubismus. Die Kubisten radikalisierten die Forderung Cézannes, die Naturformen auf ihre stereometrischen Grundelemente zurückzuführen. Sie zerlegten die Naturgegenstände in facettenartig zersplitterte, geometrische Einzelformen. Um der zweidimensionalen Realität der Malfläche gerecht zu werden, zerstörten sie auch die raumillusionierende Kraft der Perspektive.
Unsere Abbildung zeigt ein in scharfkantige, kleine, nahezu monochrome (einfarbige) Bildelemente zerlegtes Bild, in dem es nur noch wenige gegenständliche Andeutungen gibt: einen durch geometrische Binnenformen aufgelösten Krug, eine nahezu völlig zerlegte Geige, von der nur noch wenige Teile (Schnecke, Saiten, Saitenhalter, F-Löcher, Zarge, Decke) zu erkennen sind, Andeutungen eines Tisches und eines an seiner oberen rechten Ecke abgeknickten Papiers sowie – auffallend illusionistisch gemalt – einen ins Bild geschlagenen Nagel mit Schlagschatten, in der Mitte des oberen Bildrandes. Alle diese Teile, puzzleartig wieder zusammengesetzt, ergäben niemals wieder einen „heilen" Gegenstand.
„Der analytische [zerlegende] Kubismus [Stilphase des Kubismus zwischen 1908 und 1912] meint und will die gegenstandsunabhängige Form, meint und will den gegenstandsbefreiten Rhythmus. Vom Gegenstand her gesehen, ist alles Verlust – von der Form her alles Gewinn!"
[Schmidt, 1957, S. 7]

Der realistisch gemalte Nagel in unserem Bild hat einen tieferen Sinn: Braque veranschaulicht durch ihn, daß sein Bild eine flächige, bemalte Leinwand ist, die er demonstrativ mit einem Nagel an der Wand befestigt hat. Braque hat sich zum Problem der Raumdarstellung in der kubistischen Malerei selbst geäußert:

„Die herkömmliche Perspektive befriedigte mich nicht. In ihrer Mechanisierung gibt sie nie den vollen Besitz der Dinge. Sie geht von einem einzigen Standpunkt aus und verläßt ihn nie. Aber der Standpunkt ist etwas ganz Kleines. Genau wie einer, der sein Leben lang Profile zeichnen und den Eindruck erwecken würde, der Mensch besitze nur ein Auge ... Sobald man das bedenkt, ändert [sich] alles, Sie

Abb. 44.1
Paul Cézanne: Die Hütte von Jourdan, 1906

Abb. 44.2
Georges Braque: Violine und Krug, 1910

Abb. 44.3
Giorgio de Chirico: Die beunruhigenden Musen, 1917

können sich nicht vorstellen, in welchem Maße! ... Ganz besonders war ich von der Sichtbarmachung dieses neuen Raumes, den ich spürte, angezogen: eine Faszination, die zur Leitidee des Kubismus wurde. So begann ich, hauptsächlich Stilleben zu malen, denn da gibt es einen greifbaren, ich möchte fast sagen, handgreiflichen Raum. [...] Gerade dieser Raum lockte mich sehr, denn es war das erste kubistische Bild, die Erforschung des Raumes. Die Farbe spielte keine große Rolle. Von der Farbe interessierte uns nur das Licht. Licht und Raum sind zwei Dinge, die sich eng berühren, und wir führten sie zusammen..."
[In: Gerhardus, 1977, S. 45]

Zu Abb. 44.3:
Giorgio de Chirico: Die beunruhigenden Musen, 1917, Öl auf Leinwand, 97 x 65 cm, Sammlung Gianni Matteoli, Mailand

De Chirico (1888–1978) war Mitbegründer der italienischen „Pittura metafisica" (metaphysische Malerei), 1917, und ein Wegbereiter des Surrealismus. Statt des seit der Renaissance üblichen perspektivisch konstruierten Bildraumes hat de Chirico einen unwirklichen, den Betrachter verwirrenden, magisch wirkenden Raum entwickelt, der aus verschiedensten Perspektiven (*polyvalente*, mehrdeutige Perspektive) zusammenmontiert ist.

„Das Bild zeigt eine tief gedehnte Bretterbühne mit einem gespenstischen Personal. Zwei Gliederpuppen, die eine steht schlank aufgerichtet auf rundem Postament, neben ihr sitzt eine zweite mit schwerer Masse auf einer blaugestrichenen Kiste, sie hat ihren Kopf abgenommen und neben sich auf den Boden gestellt. Zu den Figuren gehört noch einiges Hokuspokusgerät: ein Zauberstab mit einem Spiralband und ein Quader, dessen Flächen durch Diagonalen aufgeteilt und in den Dreiecken bunt bemalt sind.
Hinter dem Bretterpodium steht ziegelrot das Este-Kastell von Ferrara. Links schließt sich an das Kastell eine Fabrik mit zwei hohen Schornsteinen. Rechts bildet, fast schwarz im Schatten, ein Bauwerk mit einer offenen Rundbogenhalle direkt hinter der Bretterbühne den Abschluß.
Eine klassizistische Statue steht auf rundem Podest rechts im Schatten auf den Brettern, im Stil zu den Bauten gehörend, in der Szenerie deutlich das Visavis zu der Figurenattrappe vorne links. Das Ganze unter einem tiefgrünen Himmel, der am Horizont aufgehellt ist, und in scharfem Beleuchtungslicht, das lange dunkle Schatten wirft. Eine gespenstische Stadtlandschaft, grotesk, lautlos still. [...] Die Perspektive erhält ihren für den Bildcharakter so wichtigen Akzent durch Linien, die Fluchtlinien der Bretterbühne, die im Sinn einer konstruierten Zentralperspektive auf einen zentralen Fluchtpunkt hin ausgerichtet sind.
Aber das Zentralperspektivesystem des Podiums erfaßt nicht das Ganze der Bildszenerie. Das Kastell hat seine eigene Perspektive, das dunkle Gebäude rechts noch eine andere. Und die Kisten im Nahraum des Vordergrunds sind als Schrägbilder in Parallelperspektive gegeben. Für die blaue Kiste ist das unauffällig. Aber beim Quader mit den Dreiecken ist das fremde Perspektivesystem betont. Es sperrt sich so nachdrücklich gegen die Fluchtpunktperspektive der Bretterbahnen, daß man den Eindruck einer ‚umgekehrten' Perspektive hat. Erst im genauen Nachmessen kommt man zu der Feststellung, daß alle vier Seiten der Deckelfläche gleich lang sind, daß da ein Rhombus vorliegt.
Dominant im Nebeneinander dieser Bildperspektiven ist die Perspektive der Podiumsbahnen. Daß die Komposition des Bildes trotz ihres suggestiven Tiefenzwangs so fest verbunden bleibt, liegt an der Kraft der aller Perspektiven spottenden Bildfarbe und auch daran, daß der Konvergenz der auf den Fluchtpunkt im tiefen Raum weisenden Perspektivelinien in den Schattengrenzen eine andere Konvergenz von Linien entgegenwirkt, die mit spitzem Winkel nach rechts vorne auf die Lichtquelle zielen. [...]
[...]
De Chirico hat das Bild ‚Die beunruhigenden Musen' benannt. Die Musen stammen aus der griechischen Mythologie. Ihre Heimat ist der Olymp, und sie sind die Mütter aller Kunst. In Chiricos Bild erscheinen sie in einer grotesken Deformation, es sind abgetakelte Schaufensterpuppen.
[...]
Das Bild ist 1917 entstanden und gehört zu den Inkunabeln [Frühwerken] des Surrealismus. [...] Wenn wir das Datum 1917 bedenken, so ist es für die internationale Kunst, so, wie sie heute gegliedert wird, die Zeit des synthetischen Kubismus [Spätphase des Kubismus ab 1912]. Es ist klar, daß de Chirico ein völlig anderes Bildkonzept hat.
Für den Kubismus ist es wichtig, daß das Bild eine Fläche ist, wie Juan Gris formuliert: ‚une sorte d'architecture, plate et colorée', eine flächige, farbige Bildarchitektur. De Chirico stellt dagegen im Bild wirkliche Architektur dar und benutzt die im Kubismus verpönte Perspektive. Im Kubismus ist der Gegenstand in seiner Bedeutung so entwertet, daß er nach den Bedürfnissen der Bildarchitektur beliebig zerlegt werden kann. Bei de Chirico ist er betont, weil er mit Bedeutungen beladen wird, die über seine physische Dinglichkeit hinausgehen."
[Bertsch, 1976, S. 9/10]

Zu Abb. 46.1:
René Magritte: Le blanc seing, 1965, Öl auf Leinwand, 81 x 65 cm, Sammlung Paul Mellon, Washington, D.C.

Magritte (1898–1967), der bedeutendste Vertreter des belgischen Surrealismus, verwandelt seine Bildgegenstände durch collagehafte Zusammenstellungen verschiedenster Dinge, die in der Realität nichts miteinander gemein haben, in eine geheimnisvolle, irrationale neue Wirklichkeit.
Magritte war kein Maler von Träumen und des Unbewußten wie z. B. der Surrealist Max Ernst. Seine Bilder sind „Verrätselungen" realer Dinge des täglichen Lebens, und sie können ganz gewöhnliche Dinge, wie z. B. eine durch einen Wald reitende Frau, zum Inhalt haben. Verrätselt wird dieses Bildmotiv aber durch räumliche Irritationen. Während die Darstellung des Hinter- und Vorderteils des Pferdes sowie seiner Position auf dem Grasboden unsere Seherfahrungen bestätigen, entziehen sich der Rücken des Pferdes samt Reiterin einer eindeutigen räumlichen Bestimmung. Die Reiterin erscheint wie auf einen Baumstamm projiziert, das Laubwerk des Hintergrundes rechts und der schmale Baumstamm links von der Reite-

Abb. 46.1
René Magritte: Le blanc seing, 1965

Abb. 46.2
Paul Klee: Florentinisches Villenviertel, 1926

Abb. 46.3
Marc Rothko: Ohne Titel, 1962

rin sind durch „unmögliche" Überdeckungen und durch Nichtbeachtung des Höhenunterschiedes von Pferd und Bäumen aus ihrem richtigen Zusammenhang geraten, Figur und Grund erscheinen räumlich vertauscht.
Der rätselhafte Bildtitel „Le blanc seing" (Die weiße Unterschrift) trägt zusätzlich zur Verunsicherung bei. Was soll er wohl bedeuten? Die Frau des Künstlers hat hierzu einen Hinweis gegeben: „Der Titel ist keine Erklärung des Bildes. Er ist ein poetisches Element, das mit dem Bild ein Ganzes darstellt." In einem Aufsatz Gaston Bachelards von 1943 steht über die Malerei Magrittes der nachdenkenswerte Satz:
„Wir sehen die Dinge niemals so, wie sie sind, und der Maler stellt sie niemals so dar, wie er sie sieht. Torheit also zu glauben, die Malerei müsse die Abbildung des Wirklichen leisten."
[In: Passeron, 1985, S. 26]

Zu Abb. 46.2:
Paul Klee, Florentinisches Villenviertel, 1926, Öl auf Karton, 49 x 36 cm, Centre Pompidou, Paris

Paul Klee (1879–1940) ist einer der wichtigsten Vertreter der abstrakten Kunst. Er schuf ein vielseitiges Werk meist kleinformatiger Bilder von höchster Feinheit und Sensibilität.
In seiner Zeit als Lehrer am Bauhaus in Weimar (1920 bis 1931) entwickelte Klee eine zeichenhafte, nahezu abstrakte Bildsprache, die auch für sein „Florentinisches Villenviertel" charakteristisch ist. Der Bildtitel ist wie immer bei Klee rein poetischer Natur und darf nicht wortwörtlich genommen werden.
Die Vielfalt der ornamentalen Striche und Linien auf zartfarbigem, in rechteckige Farbflächen aufgeteiltem Grund erschließt sich dem Betrachter nicht auf den ersten Blick. Das Bild fordert uns auf, wie ein mittelalterliches Werk, sukzessiv, Zeile für Zeile, gelesen zu werden. Mit seinen horizontal angelegten parallelen Linien, auf und zwischen denen die ornamentalen Bildzeichen rhythmisch aneinandergereiht sind, erinnert es nicht von ungefähr an eine musikalische Partitur. Klee war ein versierter Geiger und hochmusikalisch. Sein bildnerisches Schaffen steht in einem engen inneren Zusammenhang mit seiner musikalischen Praxis. Das Nebeneinander von abstrakten Zeichen (Halbkreise, Kreise, Dreiecke, Rauten) und gegenständlichen Andeutungen (Fenster, Türen, Treppen, Laternen, Bäume, Zäune, Wolken) bewirken eine reizvolle Spannung.
Seine Bildzeichen, die er „psychische Improvisationen" (seelische Eingebungen) nannte, erinnern an Kinderzeichnungen. Sie schienen dem Künstler einen Weg zu weisen zu jenem „zentralen Punkt der Schöpfung", den er selbst suchte.
Trotz der kindgemäßen räumlichen Andeutungen im Detail wirkt das ganze Bild flächig. In unserer Bildreihe steht es stellvertretend für die *aperspektivische*, flächige, Raum negierende Kunst des 20. Jahrhunderts. Anstelle der traditionellen raumschaffenden Perspektive entwickelt Klee in seinen Bildern eine Art geistigen Raum, in dem die dargestellten Dinge formal wie in der Art eines Bildteppichs miteinander verwoben sind und auf wundersame, poetisch-musikalische Weise zueinander in Beziehung treten.

Zu Abb. 46.3:
Mark Rothko: Ohne Titel, 1962, Kunstharz auf Leinwand, 206,5 x 193 cm, Neue Staatsgalerie, Stuttgart

Mark Rothko (1903–1970), amerikanischer Maler russischer Herkunft, löste mit seiner Farbfeldmalerei, die versucht, nur mit Hilfe nahezu monochromer Farbflächen Raumtiefe zu illusionieren, in den 50er Jahren eine Revolution in der Malerei aus.
Vom Surrealismus ausgehend, fand Rothko 1947 zur abstrakten Malerei. 1950 schuf er seine ersten Farbfeldbilder auf übergroßen Formaten. Der Betrachter sollte sich gegenüber dem Bild als klein empfinden, sich gleichsam von der Farbe umfangen fühlen; „zweifellos die Folge der jähen Weitung unseres Erlebnisraumes über den ganzen Erdball, ja in den Weltraum hinaus" [Schmidt, 1957, S. 7].
Im Stuttgarter Bild „Ohne Titel" sind zwei verschieden große, rechteckige und horizontal übereinander angeordnete Farbfelder in gedämpftem Rot und leuchtendem Orange auf blauvioletten Grund (ohne Rahmen) gestellt. Die beiden Farbfelder sind so gemalt, daß sie sich an ihren Rändern aufzulösen scheinen. Ihre räumliche Fixierung wird dadurch unmöglich. Diese Irritation in der räumlichen Wahrnehmung löst im Betrachter den Eindruck einer Bewegung, eines langsamen Hinundherschwingens der beiden Farbflächen aus. Diese „allseitig ausstrahlende Räumlichkeit" [Inboden] gelingt Rothko ohne den Einsatz der tradierten (überkommenen) Mittel und Methoden der Raumdarstellung auf der Fläche. Der Künstler wünschte sich einen Betrachter, der sich in meditativer Gestimmtheit in den „kontemplativen Raum" seiner Bilder versenken möge. Das Bild erhält dadurch eine religiöse Dimension; es wird zu einer Art Ikone, es „nimmt den Betrachter auf" [Rothko].

Zu Abb. 48:
Victor Vasarely: Vaar, 1970, Kunstharz auf Kunststoffplatte, 215 x 183 cm

Der ungarisch-französische Maler Victor Vasarely (geb. 1908) gilt als einer der Hauptvertreter der Op-art (optical art), einer Kunstrichtung der Moderne, die mit Hilfe mathematisch strenger Farbformen optische Täuschungen und vor allem räumliche Irritationen hervorruft. Die Op-art beabsichtigt eine „systematische Stimulation [Reizung] des Auges und eine dadurch hervorgerufene Intensivierung des Sehens. Nicht das Kunstwerk selbst ist die Hauptsache, sondern seine Wirkung auf den Betrachter." [Richter, 1974, S. 197]

„Wenn man das Bild beschreiben will, sieht man sich sofort in einem Dilemma. Ist es die Darstellung eines stereometrischen Körpers, der aus einer Vielzahl kleiner Würfel aufgebaut ist, wie es zunächst scheint? Oder soll man von dem Rasterfeld ausgehen, das aus 384 kleinen Rhomben gebildet wird und auf einer schwarzen Fläche liegt? Das Rasterfeld

Abb. 48
Victor Vasarely: Vaar, 1970